AF533540

KAMPENWAND
VERLAG

ISBN: 978-3-98660-030-3

Raiffeisenstr. 4 · D-83377 Vachendorf
www.kampenwand-verlag.de

Versand & Vertrieb durch Nova MD GmbH
www.novamd.de · bestellung@novamd.de · +49 (0) 861 166 17 27

Text: Zsolt Kucska
Druck: CUSTOM PRINTING
Wał Miedzeszynski 217, 04-987 Warszawa, Polen

DAS MINDZED POTENZIAL

In 88 Tagen zur besten Version deiner selbst

ZSOLT KUCSKA

Anmerkung

Dieses Buch ist ein Referenzwerk. Kein medizinisches Fachbuch. Die darin enthaltenen Informationen dienen dazu, unter anderem Entscheidungen über die eigene Gesundheit zu treffen. Es ersetzt keine Behandlungen, die Ihnen von Ihrem Arzt verschrieben wurden. Sollten Sie davon ausgehen, ein gesundheitliches Problem zu haben, raten wir Ihnen, vor Ausübung der im Buch empfohlenen Maßnahmen, kompetenten medizinischen Rat einzuholen.

Wenn im Buch bestimmte Unternehmen, Organisationen oder Personen genannt werden, bedeutet dies nicht, dass der Autor oder der Verlag diese befürworten. Genauso wenig bedeutet, die Nennung bestimmter Unternehmen, Organisationen oder Personen, dass diese das vorliegende Buch, den Autor oder den Verlag unterstützen.

Die Benutzung dieses Buches und die Umsetzung der darin enthaltenen Informationen erfolgt ausdrücklich auf eigenes Risiko. Der Verlag und auch der Autor können für etwaige Unfälle und Schäden jeder Art, die sich bei der Umsetzung, jener Ideen ergeben, aus keinem Rechtsgrund eine Haftung

Aus Gründen der besseren Lesbarkeit wird auf die gleichzeitige Verwendung der Sprachformen männlich, weiblich und divers (m/w/d) verzichtet. Sämtliche Personenbezeichnungen gelten gleichermaßen für alle Geschlechter.

Dieses Buch widme ich meinem Vater.
Papa, ich hab' dich lieb.

Karoly Ferenc Kucska
***02.02.1952 +06.10.2018**

In dir steckt unendliches Potenzial.
Du musst es nur wecken.

Inhalt

Vorwort

Als allererstes möchte ich mich von ganzem Herzen bei dir bedanken. Dass du dieses Buch in deinen Händen hältst und deine Zeit meinen niedergeschriebenen Gedanken widmest, ist für mich eine große Ehre und alles andere als eine Selbstverständlichkeit. Es war immer ein Traum von mir, einmal ein eigenes Buch zu schreiben und den Menschen auf dieser Welt etwas zu hinterlassen, das vielleicht auch in vielen Jahrzehnten noch von Wert sein wird. Ein ausschlaggebender Grund, weshalb du dieses Buch nun vor dir siehst, war die eigene Unzufriedenheit für das, was ich mit meinem Leben gemacht habe. So kam der Entschluss, eine postive Veränderung ins Leben zu rufen und diese ist verbunden mit der eigenen Anwendung der Prinzipien, die ich dir auf den kommenden Seiten beschreibe.

Mir war es seit jeher wichtig, den Menschen aufzuzeigen, dass in jedem von uns ein unerschöpfliches, mentales Potenzial steckt, das leider nur die Wenigsten von uns in ihrem Leben voll entfalten. Vor allem möchte ich mit diesem Buch der jüngeren Generation Wissen mit an die Hand geben, das ich selbst in meinen jungen Jahren gerne vermittelt bekommen hätte.

Mit dieser Schritt-für-Schritt-Anleitung zeige ich dir, wie du innerhalb von 88 Tagen genau diese in dir liegende Kraft entfalten kannst, indem du in Zukunft mit mehr Selbstvertrauen, mit einer höheren Motivation und einer positiveren Einstellung deine Ziele verfolgst und erreichst. Ich zeige dir, wie du förderliche Gewohnheiten in dein Leben integrierst und wie du deinem inneren Schweinehund ein für alle Mal den Garaus machst.

Dabei erkläre ich dir unterschiedliche Methoden, die dich in eine verbesserte Version transformieren und dein Potenzial zur Entfaltung bringen werden.

Investiere deine Zeit in dieses Buch also nur dann, wenn du zu den Menschen gehörst, die persönliches Wachstum als Möglichkeit zu einem besseren Leben ansehen und die keine Angst davor haben, sich weiterzuentwickeln.

Ich möchte auch ganz ehrlich mit dir sein. Veränderung bedeutet Schmerz. Dir muss bewusst sein, dass du gewisse Dinge in Zukunft anders machen wirst als bisher. Das wiederum führt automatisch dazu, dass du deine Komfortzone verlassen MUSST. Und dass das Verlassen der Komfortzone nicht immer einfach ist, ist absolut natürlich, denn wenn es das wäre, wäre jeder Mensch auf Anhieb in der Lage, sich von einer Sekunde auf die Andere und ohne großen Aufwand zu verändern. Dies widerspricht jedoch sämtlichen natürlichen Gesetzmäßigkeiten. Lass uns diese natürlichen Gesetze deshalb akzeptieren und lass uns gemeinsam herausfinden, ob wir diese nicht für uns nutzen können.

Des Weiteren möchte ich dich an dieser Stelle um etwas bitten: Während du dieses Buch liest, werden dir automatisch einige Menschen in den Sinn kommen, von denen du dir vorstellen kannst, dass dieses Buch Ihnen weiterhelfen würde, wenn sie es lesen. Tu uns bitte also allen einen Gefallen. Empfehle dieses Buch jenen Menschen weiter. Nur wenn mehr und mehr Menschen durch neugewonnene Erkenntnisse aus ihrer Gedankenmatrix ausbrechen und verstehen, dass sie selbst verantwortlich für die Entwicklung ihres Lebens sind, haben wir eine reelle Chance, die Welt in wenigen Generationen zu einem besseren Ort für alle Menschen dieser Erde zu machen. Denn *„Jede Gelegenheit, sich zu verändern, ist eine Gelegenheit, die Welt zu verändern."* – Paulo Coelho.

In diesem Buch steckt monatelange Arbeit, Energie, Inspiration und der unbändige Wille, einen positiven Impact bei demjenigen zu hinterlassen, der es liest. Sollte dir das Buch also in deinem Leben in irgendeiner Weise weiterhelfen, würde ich mich sehr darüber freuen, wenn du mir eine persönliche Nachricht über deine gemachten Erfahrungen zukommen lässt.

Ich selbst habe bereits unzählige Bücher aus den Bereichen der Persönlichkeitsentwicklung und Psychologie gelesen und musste dabei immer wieder feststellen, dass es nur sehr wenige davon geschafft haben, wirkliche Aha-Momente in mir hervorzurufen. Dieses Buch soll eines davon sein. Es soll dir Inhalte vermitteln, die für dein Leben tatsächlich von Nutzen sein können. Deshalb habe ich mich in den Ausführungen so präzise und deutlich ausgedrückt, wie ich nur konnte. An einigen Stellen wirst du jedoch merken, dass sich gewisse Dinge wiederholen. Das dient dazu, die wichtigen Inhalte des Buches noch besser zu verinnerlichen und für deinen Verstand greifbar zu machen. Nun wünsche ich dir viel Spaß und Erfolg bei der Entfaltung von deinem *Mindzed Potenzial*.

Dein
Zsolt Kucska

Einleitung

Herzlich willkommen zur größten Transformation deines Lebens. Eine Transformation, die dein Leben für immer in eine positivere Richtung lenken wird. Die nächsten **88** Tage, die vor dir liegen, werden die wohl spannendsten und zugleich schwierigsten Tage deines bisherigen Lebens. Du bist im Begriff zu wachsen. Mental, emotional und auch physisch. In den kommenden **88** Tagen wirst du **acht** Gewohnheiten in dein Leben integrieren, die den wahren Sieger in dir zum Vorschein bringen und die dein momentanes Dasein in die beste Version transformieren, die du sein kannst. Du wirst dich zu einem neuen Selbst weiterentwickeln – ein Upgrade sozusagen. Stelle dir dieses Projekt am besten wie ein Software-Update deiner eigenen Persönlichkeit vor und erlaube den Gedanken, dass du zu weit mehr in der Lage bist, als du in deiner jetzigen Realität noch erfährst. Unabhängig davon, in welcher beruflichen, sozialen, gesundheitlichen oder altersbedingten Verfassung du dich aktuell befindest. Solange du lebst, steckt Potenzial in dir, das freigesetzt werden möchte.

Hierbei spielt es keine Rolle, ob du 10, 20, 40, 60, 80, oder kurz davor bist, 100 Jahre alt zu werden.

Wir reden hier über jenes Potenzial, das für den technologischen, spirituellen, kulturellen und mentalen Fortschritt der Menschheit verantwortlich ist. Dieses Potenzial ist zuständig für die Entwicklung von allem, das dich umgibt. Es ist eine in uns allen schlummernde Energie, die, wenn zum Ausdruck gebracht, Gedanken durch Taten materialisiert. Möchtest du dieses geistige Potenzial für uns alle zur Entfaltung bringen, musst du allerdings zuerst selbst durch deine Taten zu mehr werden, denn deine innere Welt bestimmt deine äußere Welt. Du bist, was du kontinuierlich denkst, fühlst und tust. Und das, was du in kontinuierlicher Routine praktizierst, bestimmt, wie du lebst und welche Ergebnisse du in deinem Leben praktizierst.

Sei dir aber bitte über Folgendes im Klaren: Möchtest du mental wachsen, bedeutet das, aus der Komfort-Zone auszubrechen. Und das Verlassen der Komfortzone ist verbunden mit Schmerz. Du musst also bereit sein, Dinge zu tun, die dir gewissermaßen Schmerzen bereiten. Du musst Dinge in die Umsetzung bringen, die du bisher noch nie getan hast und die dir normalerweise selbst im Traum nicht einfallen würden. Denn seien wir doch mal ganz ehrlich: Wieso sollte man sich denn bitteschön um 05:00 Uhr morgens aus dem Bett zwingen, obwohl man für gewöhnlich erst um 07:00 Uhr aufsteht oder vielleicht sogar ausschlafen könnte?

Für mich war es früher Normalität, so lange zu schlafen, wie ich nur konnte. Heute fühle ich mich bereits unwohl, wenn ich ausnahmsweise erst um acht Uhr in den Tag starte. Möglicherweise klingt allein diese eine Gewohnheit für dich schon viel zu ver-rückt, sodass du dir überlegst, ob du dieses Buch überhaupt weiterlesen sollst. Doch vertrau mir, leg das Buch jetzt nicht zur Seite! Ich werde dir auf den nachfolgenden Seiten genau erklären, welche Vorteile es mit sich bringt, früher aufzustehen als 99 Prozent der Menschen und wie du dir diese tägliche 05:00 Uhr Morgenroutine mit Leichtigkeit aneignest und sogar Gefallen daran entwickelst. Dieses Buch habe ich übrigens überwiegend während meiner 05:00 Uhr Morgenroutine geschrieben, da ich während dieser stillen Zeit, in der die Welt noch schläft, am kreativsten bin. Du siehst also, dass es durchaus sinnvoll sein kann, einen derartigen Weg einzuschlagen, um etwas zu kreieren. Natürlich musst du jetzt nicht anfangen, ebenfalls ein Buch zu schreiben, doch du wirst feststellen, dass du im Laufe der Zeit kreative Ideen entwickelst, für die du bereit sein wirst, zu so früher Stunde an dir zu arbeiten.

Wenn du also mehr Lebensfreude, Glück, Erfolg und Inspiration als der Durchschnitt in dein Leben ziehen möchtest, solltest du bereit sein, auch mehr als der Durchschnitt an dir und an deinen Gewohnheiten zu arbeiten. Das bedeutet, dass du bereit sein musst, unbekannte Wege einzuschlagen, um andere Ergebnisse in deiner inneren und äußeren Realität zu erzielen.

Stumpf vor sich hinzuleben ist nicht sehr schwer. Das ist sogar ziemlich simpel. Das Leben regelt das schon auf seine Weise. Doch bewusst Einfluss auf deine Routinen, dein Denken und dein Fühlen zu nehmen, dazu ist Mut, Entschlossenheit und Ausdauer notwendig. Und genau diese Ausdauer fehlt den meisten Menschen, weil sie für gewöhnlich darauf konditioniert sind, spätestens am Ende des Monats für ihre Mühen entlohnt zu werden. Das ist auch der Grund, weshalb 95 Prozent der Menschen, die dieses Buch lesen und sich vornehmen, ihr Leben zu verbessern, indem sie ihre Gewohnheiten ändern, nach wenigen Tagen bereits wieder damit aufhören.

Der Grund hierfür ist folgender: Sie werden nach den ersten 30 Tagen keine allzu großen Veränderungen bemerken. Aufgrunddessen werden sie sich die Frage stellen, ob sich die Anstrengungen überhaupt lohnen, ohne am Monatsende mehr Geld auf dem Konto zu registrieren. Doch lass mich dir hier eines vorwegnehmen. Die Entwicklung der eigenen Persönlichkeit durch einen radikalen Wandel der täglichen Gewohnheiten erfordert Zeit und Geduld und kann gleichzeitig mit keinem Geld der Welt bezahlt werden.

Allein der Gedanke daran, dass du freiwillig neue Dinge umsetzen wirst, die sich außerhalb deiner momentanen Lebensgewohnheiten befinden, verursacht in dir sehr wahrscheinlich ein Gefühl der Skepsis und des Unbehagens. Allein daran kannst du bereits erkennen, wie sehr es uns Menschen missfällt, unsere gewohnten Abläufe mit neuen Herausforderungen zu ersetzen. Merk dir hierbei aber bitte folgende Leitlinie:

Wenn du regelmäßig Dinge tust, die einfach sind, wird dein Leben schwierig. Wenn du aber Dinge tust, die schwierig sind, wird dein Leben einfach.

Genau auf diesem Prinzip basiert der Sinn dieses Buchs. Indem wir gezielt und bewusst aus der Komfortzone heraustreten und den schwierigeren Weg wählen, stärken wir unsere Persönlichkeit so sehr, dass diese neue Version von uns selbst in Zukunft in der Lage sein wird, jene Dinge in die Tat umzusetzen, die uns den gewünschten Erfolg im Leben beschert.

Halte dir bitte immer wieder vor Augen: In dir steckt ein unendliches Potenzial, das nur darauf wartet, endlich entfaltet zu werden. Wie ich bereits erwähnt habe, spielt es keine Rolle, wie alt du bist und in welcher Situation du dich aktuell befindest. Jeder von uns hat eine Bestimmung, mit der er auf diese Erde gesandt worden ist. Diese Bestimmung zu finden und seinem Leben einen wahren Sinn zu geben, sollte höchste Priorität haben. Wir müssen uns aktiv auf die Suche danach begeben und dabei spielt die Zahl, die wir als Alter definieren oder in welcher körperlichen Verfassung wir uns befinden, keine Rolle.

Denn egal wie groß oder klein die Schritte sind, die wir unternehmen, die Hauptsache ist, wir bewegen uns voran. Nimm dir hierzu als Beispiel bitte *Nick Vujicic*. Dieser Mann ist aufgrund eines genetischen Defekts ohne Extremitäten zur Welt gekommen und ist heute einer der größten Motivationsredner unserer Zeit. Entgegen aller Wahrscheinlichkeiten, hat es dieser Mensch zu einem äußerst erfolgreichen und höchstwahrscheinlich auch sehr glücklichen Leben geschafft, indem er das ihm zur Verfügung stehende Potenzial entfaltet hat. Es gibt also keine Ausreden, weshalb wir etwas nicht schaffen können. Es hängt nur von unserem Mindset ab, ob wir uns auf den Weg des Wachstums hin zur Findung unserer wahren Bestimmung begeben oder ob wir unser Leben lang auf der Stelle treten.

Bei dieser Thematik können wir auch nicht darauf hoffen, dass unsere Bestimmung zufällig irgendwo vom Baum fällt oder uns von irgendjemandem auf dem Silbertablett serviert wird. Es ist ein aktiver Prozess, der die Entwicklung unseres Bewusstseins und die Arbeit an uns selbst erfordert.

Nur wenn wir uns selbst bewusst sind und uns die Frage nach unserem Lebenssinn stellen, kann uns das Leben selbst auch Antworten darauf liefern. Hierzu müssen wir uns aber zunächst darüber klar werden, dass wir sehr viel mehr sind als das, was uns unser Leben lang von den äußeren Einflüssen geprägt hat. Wir müssen uns über unser unendliches Potenzial bewusst werden um es für uns und unsere Umwelt nutzen zu können.

Um diesen Prozess in Gang zu setzen, kommen wir allerdings nicht daran vorbei, unsere Komfortzone zu verlassen und uns den unbequemen und notwendigen Herausforderungen zu stellen.

Glaub mir. Du wirst keinen Menschen auf dieser Welt treffen, der sein Potenzial auf der Couch in seinem Wohnzimmer zur vollen Entfaltung gebracht hat. Die Komfortzone MUSS also verlassen werden! Ich wiederhole: Die Komfortzone MUSS verlassen werden! Um diesen wichtigen Satz zu verankern, wiederholen wir es noch einmal und am besten liest du ihn dir jetzt laut vor:

Die Komfortzone MUSS verlassen werden!

Es tut mir leid, dir das sagen zu müssen, aber wir werden bei deinem Veränderungsprozess nicht dabei herumkommen. Der Schmerz MUSS erfahren werden, denn nur im Schmerz findet die Veränderung statt. Solltest du also nicht dazu bereit sein, diese

„Schmerzen“ auf dich zu nehmen, wirst du deine Zeit mit diesem Buch vergeuden. Verinnerlichst du dir jedoch die Gedanken, die ich hier mit dir teile, stehen dir unendlich viele Türen für deine Zukunft offen!

Doch was genau ist diese Komfortzone eigentlich? Und wie soll es möglich sein, sich in 88 Tagen acht Erfolgsgewohnheiten anzueignen, die einen so immens starken Einfluss auf dein Leben nehmen, dich auf eine neue Stufe des Glücks heben und in dir ein Gefühl der Selbstachtung und des inneren Friedens erzeugen werden? Diese und weitere Fragen werde ich dir auf den kommenden Seiten noch genauer beantworten, denn es ist wichtig, dass du die Sinnhaftigkeit des Ganzen exakt nachvollziehen kannst.

Nur wenn du wirklich verstanden hast, warum es etwas Gutes für dich bedeutet, wenn du deine Komfortzone aktiv verlässt, nur dann bist du auch bereit, die kommenden Gewohnheiten regelmäßig in die Tat umzusetzen.

Ich selbst habe sämtliche Routinen von eins bis acht durchlaufen und bringe sie auch heute noch tagtäglich in die Umsetzung. Durch diese Handlungen spüre ich mittlerweile einen immensen Fokus und ein unbändiges Streben nach andauerndem Fortschritt meiner eigenen Person. Ich produziere schöpferische Ideen wie am Fließband und kann es kaum erwarten, das nächste Projekt in die Tat umzusetzen. Alles nur durch die simple Anwendung jener Gewohnheiten, die ich dir auf den kommenden Seiten vorstellen werde. Unterschätze also niemals wozu du in der Lage bist, wenn du jeden Tag in die Umsetzung kommst und die nötige Geduld aufbringst. Vertraue hierbei einfach auf dich und auf deine innere Kraft.

Ich glaube an dich!

Kapitel 1

Entfache das Mindzed Potenzial

„Man kann einem Menschen nichts lehren, man kann ihm nur helfen, es in sich selbst zu entdecken."

Galileo Galilei

Was ist das Mindzed Potenzial?

Zunächst einmal möchte ich dir kurz erklären, was es mit dem Begriff „Mindzed" auf sich hat. Dass „Mindzed" eine Anlehnung an das Wort „Mindset" ist, hast du vermutlich schon herausgefunden. „Mindset" ist ein Begriff aus dem Englischen und bedeutet übersetzt nichts anderes als „Denkweise" oder auch „innere Einstellung". Also die Art und Weise, wie man gewissen Dingen im Leben gegenübersteht. Mit welcher Motivation wir unsere Ziele verfolgen. Wie wir mit Herausforderungen umgehen. Wie wir anderen Menschen begegnen. Wie diszipliniert wir sind. Welchen Lebensstil wir führen. Ob man selbstverantwortlich handelt oder die Verantwortung lieber abgibt. Wie leichtgläubig wir sind und wie sehr wir uns manipulieren lassen. Das alles und noch viel mehr, ist zurückzuführen auf unser „Mindset“.

Es ist dafür verantwortlich, wie wir denken, wie wir fühlen und wie wir handeln. Durch jede Handlung und jede Entscheidung, die wir auf der Grundlage unseres Mindsets treffen und vollziehen, erschaffen wir wiederum Ergebnisse.

Diese Ergebnisse bestimmen am Ende unser Schicksal und unser Leben. Das Mindset bildet also das Fundament dafür, wie wir unser Leben leben.

Nun hat natürlich jeder einzelne Mensch auf dieser Erde ein anderes Mindset. 8 Milliarden Menschen – 8 Milliarden Mindsets. Keines ist wie das Andere. Basierend auf unseren Erfahrungen und unserer Erziehung, bilden sich im Laufe unseres Lebens die entsprechenden Glaubenssätze, die am Ende wiederum die Bausteine für unsere Denkweise bilden.

Erst wenn wir uns unserer ganz persönlichen Glaubenssätze bewusst werden und verstehen, dass in jedem von uns ein unvorstellbar großes Potenzial liegt, das nur darauf wartet endlich entfacht zu werden, erst dann können wir uns selbst entsprechend einordnen. Sobald das passiert und wir unsere Glaubenssätze verstehen, dann erst können wir die notwendigen Veränderungen in unserem Denken, Fühlen und Handeln herbeiführen, um die

Ergebnisse in unserem Leben zu produzieren, die wir uns wünschen.

Das *Mindzed Potenzial* ist also wie ein inneres Feuer, das in jedem von uns brennt. Bei dem einen ist es vielleicht bislang nur ein kleines Lodern. Bei dem anderen ist es bereits ein riesiger Brand, der alles in Flammen steckt, mit dem es in Kontakt kommt. Diese Flammen stehen als Sinnbild für herausragende Energie, Glück, Erfolg, harmonische Beziehungen, Dankbarkeit und Liebe.

Das Mindzed Potenzial ist ein inneres Feuer, das in jedem von uns brennt.

Wenn du das Gefühl hast, dass dein eigenes Feuer momentan nur leicht lodert oder sogar kurz davor, ist beim nächsten Windhauch zu erlöschen, dann rate ich dir, dieses Buch auf jeden Fall bis zum Ende weiterzulesen und die auf den folgenden Seiten beschriebenen Routinen in die Praxis umzusetzen. Mit jeder neuen Gewohnheit, die ich dir in den kommenden Kapiteln näherbringe, wirst du genau dieses innere Feuer mehr und mehr in dir entfachen. Jede Seite, jeder Satz und jedes einzelne Wort, das du aus diesem Buch verinnerlichst, ist wie Öl, das du über dein inneres Feuer gießt. Du wirst diesem Feuer dann nicht mehr länger nur dabei zusehen, wie es langsam und gemächlich abbrennt. Nein, du wirst durch deine neu gewonnene Disziplin und Willenskraft dafür sorgen, dass dieses Feuer ein solches Licht und eine solche Wärme abstrahlt, dass es das Feuer aller Menschen, die dich umgeben, ebenso entfacht!

Durch diese goldenen Routinen wirst du dein eigenes *Mindzed Potenzial* mehr und mehr entfalten. Diese Gewohnheiten werden regelmäßig deine Grenzen sprengen und ziehen dich ganz automatisch und jeden Tag aufs Neue aus deiner Komfortzone heraus. Solange, bis du wahrlich zur besten Version wirst, die du sein kannst. Nur darum geht es beim *Mindzed Potenzial*. Die in dir liegende Kraft zu erkennen, wahrzunehmen und zum Ausdruck zu bringen.

(Z)solt?

An dieser Stelle möchte ich dir kurz meine Geschichte erzählen. Ich bin als Sohn einer deutschen Mutter und eines ungarischen Vaters in der ehemaligen DDR im August 1989, kurz vor dem Mauerfall zur Welt gekommen. Aufgrund der Tatsache, dass sich mein Vater immer einen Sohn gewünscht hatte, überließ meine Mutter meinem Papa bei der Namensgebung die freie Wahl. Entsprechend seiner eigenen Herkunft gab er mir deshalb einen ungarischen Vornamen, auf den er selbst sehr stolz war und der in seinem Heimatland auch heute noch sehr verbreitet und von großer Beliebtheit ist. Auch ich sah meinen Namen immer als etwas Besonderes, denn kaum jemand hieß so wie ich. Jedoch ist der Name auch nur ungarisch sprechenden Menschen „geläufig“, denn „Zsolt“ ist für Deutsche ein relativ schwer auszusprechendes Wort.

Erst recht, wenn man von diesem Namen noch nie zuvor etwas gehört hat. Das „ZS“ sprechen die meisten Deutschen als ein schlichtes „Z“ aus. Tatsächlich spricht man es aber eher wie ein sanftes „SCH“, genauer gesagt wie das „J“ von dem Wort „Journal“. Versuch, den Namen gerne einmal laut auszusprechen, brich dir hierbei aber bitte nicht die Zunge.

Durch die Besonderheit meines Namens kam es in meiner Kindheit öfter mal vor, dass ich mich gefragt habe, was die Leute, die mich noch nicht kannten, denn nur immer für ein Problem mit der Aussprache von meinem Namen hatten. Meine Eltern konnten ihn doch immerhin auch ohne Probleme aussprechen?! Warum dann nicht auch die Anderen?

Warum erzähle ich dir das? Gerade in der Schule wurde diese Thematik im Laufe der Zeit mehr und mehr zu einer unangenehmen Herausforderung, da ich in den verschiedenen Jahrgängen häufig der Einzige mit einem so außergewöhnlichen Namen in der Klasse war. Ungewollt stand ich deshalb regelmäßig im Rampenlicht meiner Mitschüler und musste meinen Namen gerade vor Lehrern immer wieder erklären, da er sonst oft auf kurioseste Art und Weise verdreht wurde.

So wurde aus „Zsolt“ gerne mal ein „Zslot“, ein „Zolt“, ein „Zlot“ oder ein „Tscholt“. Das Gelächter und Gekicher meiner Mitschüler ließ dementsprechend nicht lang auf sich warten. Dafür, dass ich als Kind und als Jugendlicher eher zurückhaltend und eher ungern die volle Aufmerksamkeit von meiner Umgebung erhalten habe, stand ich dadurch sehr häufig und ungewollt außerhalb meiner Komfortzone.

So musste ich also früh die Erfahrung machen, dass Kinder ganz schön hart sein können, wenn man nicht der „Norm" entsprach. Gerade in der Pubertät kam es aufgrund meines exotisch klingenden Vornamens auch hier häufig zu Hänseleien. Diese Hänseleien gingen in den höheren Jahrgangsstufen teilweise sogar über in diskriminierende Äußerungen und Verhaltensweisen einiger „besonderer" Schulkameraden auf die ich hier jedoch nicht näher eingehen werde.

Infolgedessen entwickelte ich ein immer geringerwerdendes Selbstwertgefühl. Meine Noten wurden schlechter. Ich verlor die Motivation für einen ordentlichen Abschluss und konnte es kaum noch erwarten, der Schule und den hänselnden Mitschülern endlich den Rücken zu kehren. Dementsprechend schlecht sah am Ende meiner Schulzeit auch mein Abschlusszeugnis aus. Der Glaube an mich selbst verflog mit jedem Tag mehr, den ich zur Schule ging. Sobald mich einer unserer Lehrer mal wieder verkehrt aufrief, begann das leidige Kichern einiger Mitschüler, das mir natürlich jedes Mal sofort auffiel.

Da ich als Kind immer etwas sensibler war als andere, gingen mir diese Erfahrungen oft sehr nahe. Ich war damals einfach noch nicht in der Lage, dieses Problem als etwas zu sehen, das ich selbst lösen könnte.

Ich hatte schlichtweg noch nicht das Bewusstsein dafür, dass ich selbst verantwortlich dafür bin, wie ich mich fühle und was ich ausstrahle, unabhäng von meinen äußeren Einflüssen. Ich selbst habe diese Dinge in mein Leben gezogen und durch meine Gedanken und mein Verhalten mitbeeinflusst. Ich hätte die Kameraden in der Schule direkt damit konfrontieren und zur Rede stellen können. Ich hätte sie fragen können, warum sie das tun und ob sie sich der Folgen ihrer Handlungen und Äußerungen bewusst sind. Ich hätte mit meinen Lehrern über die Situation reden können, um gemeinsam eine Lösung für diese täglichen Sticheleien zu finden. Stattdessen nahm ich diese negativen Emotionen, die als Reaktion auf das Ganze entstanden sind, jeden Tag aufs Neue mit nach Hause und erzählte weder Freunden noch meinen Eltern von den täglichen Erlebnissen. Vielen Dingen ist man als Kind einfach nicht gewachsen und man weiß oft nicht, wie man bestimmte Herausforderungen oder Probleme lösen könnte. Man sieht häufig keinen Ausweg und nimmt vieles einfach so an, wie es ist. Ich habe mich der Herausforderung schlichtweg nicht gestellt und war der Annahme, dass das wohl mein Leben sein muss. Ich hatte Angst davor, meine Mitschüler zur Rede zu stellen, weil ich geglaubt habe,

> **Du kannst deinen Problemen nicht aus dem Weg gehen, denn sie holen dich so lange ein, bis du sie gelöst hast.**

dass ich nur noch mehr Sprüche und abwertende Blicke ertragen müsste. So versuchte ich diesen Menschen so gut es ging, aus dem Weg zu gehen und sie zu ignorieren.

Hierin erkennst du bereits eine wichtige Lektion: Um sein Leben zu verändern und zu verbessern, muss man sich den unangenehmen Dingen stellen und muss sie direkt konfrontieren. Du kannst deinen Problemen nicht aus dem Weg gehen, denn sie holen dich so lange ein, bis du sie gelöst hast.

Diese Art von Mindset, Problemen und Herausforderungen lieber aus dem Weg zu gehen, anstatt sie zu lösen, war bis in mein frühes Erwachsenenalter meine Art zu denken und zu handeln. Ich suchte immer den leichtesten Weg, mit so wenig Widerstand wie möglich. Wachstum? Fehlanzeige. Dieses Verhalten hat mir in meinen frühen Zwanzigern so einige Probleme beschert, die mich noch einige Jahre verfolgen sollten.

Erst im Alter von 24 Jahren sollte sich mein Denken für immer verändern. Das geschah, als ich anfing, mich zum ersten Mal bewusst mit den Themen der Persönlichkeitsentwicklung auseinanderzusetzen. Zu dieser Zeit studierte ich Betriebswirtschaftslehre an der Fachhochschule in Regensburg, als mir von einem Bekannten meiner Mutter ein Geschäftsmodell vorgestellt wurde, das mir bei meiner persönlichen Weiterentwicklung einen großen Schub verpassen sollte. Dieses Geschäftsmodell nannte sich: Direktvertrieb.

Zum ersten Mal in meinem Leben wurde mir ein Weg aufgezeigt, bei dem ich mich persönlich entwickeln und durch eigenen Fleiß und durch das richtige Mindset aus der Mittelmäßigkeit entkommen könnte. Bis dahin habe ich immer geglaubt, dass Erfolg eher dem Zufall bedingt ist und dass man Glück entweder hat oder eben nicht hat. Ich habe zum ersten Mal verstanden, dass meine Gedanken und Gefühle, die auf meinen Glaubenssätzen beruhen, dafür gesorgt haben, welches Leben ich führe. Ich habe verstanden, dass ich meine Persönlichkeit formen und mein *Mindzed* verbessern kann.

So kam es, dass ich damit begonnen habe auf Seminare zu fahren, Online Trainings zu buchen und verschiedenste Bücher zu lesen, die mir von meinen damaligen Mentoren aus der Direktvertriebsbranche empfohlen wurden. Ein nachträgliches „Dankeschön" geht an dieser Stelle raus an meine damaligen Mentoren, denen ich diese positive Veränderung mit zu verdanken habe.

Ich habe verstanden, dass ich meine Persönlichkeit formen und mein Mindset verbessern kann.

Alles in allem kann ich heute sagen, dass dies der Beginn einer Reise war, die bis heute andauert. Eine Reise der stetigen Weiterentwicklung und der Verbesserung meiner eigenen Persönlichkeit. Es ist ein

Weg, der niemals endet und auch wenn der Weg des Direktvertriebs für mich schlussendlich nicht zu meiner Berufung wurde, war es trotz allem der Ausgangspunkt für diese wunderbare Reise. Dafür und auch für die über 300 Verkaufstermine, die ich in diesen 1,5 Jahren als absoluter Quereinsteiger neben meinem Studium absolviert habe, bin ich sehr dankbar.

Wenn du in eineinhalb Jahren in 300 fremden Wohnzimmern stehst und als absoluter Anfänger versuchst, ein Produkt für 2.000 EUR zu verkaufen, stehst du 300 Mal außergewöhnlich weit außerhalb deiner Komfortzone. Wenn du dann davon noch 250 Mal den Satz „Nein – wir kaufen nicht" zu hören bekommst, macht das etwas mit dir. Es lässt dich Schmerzen spüren. Du musst Niederlagen einstecken. Du lernst, dass Misserfolge zu deinem Erfolg und Wachstum beitragen. Diese Erlebnisse haben mich definitiv für immer positiv geprägt. Jene Erfahrungen haben mir in dieser Zeit mehr geholfen als jede andere schulische oder akademische Ausbildung, die ich durchlaufen habe.

Auch wenn ich von meinem Umfeld und meinen Freunden für meine Kühnheit belächelt wurde, war es die Erfahrung alle mal wert. Dadurch habe ich nämlich begriffen, dass das eigene Mindset der ausschlaggebende Faktor dafür ist, wie man sein Leben lebt, welche Ergebnisse man produziert, mit welchen Menschen man sich umgibt und welche Ziele man in seinem Leben verfolgt. Möchte ich also all diese

Dinge in positive Resultate und Erfahrungen umwandeln, muss ich immer bei mir selbst beginnen.

Nun zurück zur Frage, was es mit „Mindzed" auf sich hat. Nachdem ich mich immer mehr mit meinem eigenen Mindset beschäftigt habe und diverse Erfahrungen machen durfte, die mich in meinem Wachstum gefördert haben, entschloss ich mich dazu, über meine Instagram-Seite meine bisherigen Erfahrungen und Learnings durch inspirierende Impulse zu teilen. In diesen bringe ich meine Gedanken zum Thema Mindset zum Ausdruck und liefere anderen Menschen, die sich für diese Thematik interessieren, Denkanstöße, Inspirationen und Motivation. Somit begann ich mir eine kleine „Brand" aufzubauen. Also eine persönliche Marke, die in Verbindung zu den Themen Mindset und Persönlichkeitsentwicklung steht.

Da mein Vorname „Zsolt" mit „Z" beginnt und mich viele meiner Freunde bis heute einfach nur „Zed" nennen, war die Namensgebung für meine Instagram-Seite also schnell klar. „@mindzed". Hier darfst du mir natürlich gerne folgen. Ich würde mich auch sehr darüber freuen, wenn du mir eine persönliche Nachricht schickst und mir dein Feedback zu diesem Buch mitteilst.

Mindzed ist jedoch keine Person. Es ist auch sehr viel mehr als nur eine „Brand". Es ist viel mehr eine Art zu leben und zu denken. Es spiegelt gewisse Grundprinzipien, Werte und Tugenden wider, die das große, in uns schlummernde Potenzial zum Ausdruck bringen soll. Das *Mindzed Potenzial* ist demnach deine innere Kraft. Dein stärkstes, liebevollstes und bestes Ich. Es verhilft dir, zurück in deine Stärke zu finden, damit du zur besten Version deiner Selbst wirst. Wenn dir das gelingt, wirst du in der Lage sein, dieses *Mindzed* auf deine Mitmenschen zu projizieren, was wiederum eine Kettenreaktion an positiven Schwingungen und Ereignissen in Gang setzt.

Lass uns also gemeinsam eine Lawine des Guten, des Lichts, der Freude und des Wachstums ins Rollen bringen. Lass uns gemeinsam dafür sorgen, dass wir die Welt zu einem besseren Ort machen, indem wir zu besseren Menschen werden. Denn die Welt, in der wir leben, ist im Grunde ein wahres Paradies. Wir Menschen sind dafür verantwortlich, wie das Leben auf dieser Erde, durch die Taten jedes Einzelnen, aussieht. Nur wenn jeder Einzelne begreift, dass er selbst das große Ganze darstellt, wird es möglich sein, das große Ganze durch jeden Einzelnen zu verbessern.

Hilf also mit das Gute in die Welt zu tragen, indem wir uns alle gemeinsam zur besten Version „Mensch" entwickeln, der wir sein können. Indem du dein *Mindzed Potenzial* voll entfaltest, wirst du schließlich Teil der

Mindzed (R)Evolution.

Wo sollst du beginnen?

Nun, du hast bereits begonnen, als du dieses Buch angefangen hast zu lesen. Lob und Anerkennung an dieser Stelle. Integriere dieses Buch die nächsten Tage und Wochen in deinen Alltag. Lies nicht nur darin, sondern denke über das Geschriebene tatsächlich bewusst nach. Lasse es wirken, indem du dir über deinen Alltag hinaus über bestimmte Passagen aus diesem Buch Gedanken machst. Nur so erweiterst du deinen eigenen Horizont und verbesserst deine Denkprozesse. Hetze nicht nur von Kapitel zu Kapitel, um so schnell wie möglich fertig zu werden. Mache dir Notizen, streiche wichtige Passagen im Buch an. Nur wenn du das Buch für dich nutzt und MIT dem Buch arbeitest, wirst du auch AN DIR ARBEITEN. Es geht nicht darum, so viele Informationen, so schnell wie möglich und in kürzester Zeit zu absorbieren.

Es geht darum, die richtigen Informationen zur richtigen Zeit aufzunehmen, zu verinnerlichen und dann danach zu leben. Nur dann wird durch das Gelesene tatsächlicher Mehrwert geschaffen.

Persönliche Weiterentwicklung ist kein Sprint, sondern ein Marathon.

Ich möchte ehrlich mit dir sein. Es wird dir nicht viel bringen, wenn du das Buch nur zu Unterhaltungszwecken liest. Ebensowenig hilft es dir nur ein paar Seiten zu überfliegen, dann das Buch zu schließen und danach keinerlei Handlungen zu unternehmen. An dieser Stelle möchte ich dir folgende wichtige Information mitteilen: Spare dir die Zeit. Wir leben im Schnitt 28.000 Tage. Mache stattdessen etwas, in dem du mehr Sinn siehst und vergeude deine Zeit nicht weiter, wenn du es mit deinem Wachstum nicht wirklich ernst meinst. Ich hoffe du kannst mit meinen direkten Worten umgehen, doch du siehst, mir ist es wichtig, die Veränderung herbeizuführen, die sich viele für ihr Leben so sehr wünschen. In dieser Welt gibt es so viele Menschen, die nur reden und keinerlei Taten folgen lassen und deshalb, ist die Welt genau so, wie sie ist.

Lass uns hingegen zu den Menschen werden, die ihre Taten für sich sprechen lassen!

Das *Mindzed Potenzial* wurde geschaffen um echten, dauerhaften Mehrwert und Veränderung im Leben der Menschen zu erzeugen, die es lesen. Diese Veränderungen entstehen nur durch Taten. *Aktion – Reaktion.* Das Lesen an sich ist zwar bereits eine Aktion, doch nur die bewusste Aktion, die auf das Gelesene erfolgt, führt zur positiven Reaktion. Möchten wir also auf Worte, Taten folgen lassen, müssen wir bereit sein, unsere

> Das Mindzed Potenzial wurde geschaffen um echten, dauerhaften Mehrwert zu bieten.

Komfortzone zu verlassen und unsere eigenen Grenzen zu überwinden.

Mache nicht den Fehler, den ich in meinen jungen Jahren allzu häufig wiederholt habe, als ich mir immer den leichtesten Weg gesucht und nicht aus meinen Fehlern gelernt habe. Mache stattdessen das genaue Gegenteil. Suche dir den schwierigen und herausfordernden Pfad und wachse dabei über dich und deine Komfortzone endlich hinaus!

Jetzt, wo du verstehst was es mit dem *Mindzed Potenzial* auf sich hat, kannst du mit deinem eigenen Prozess des persönlichen Wachstums beginnen. Werde dabei ein Teil der *Mindzed (R)evolution* und starte mit uns gemeinsam deine ganz eigene Reise zur besten Version, die du sein kannst.

Willkommen an Bord!
Zed

Mindzed Tipp #1

Entfache dein Mindzed Potenzial!

Du bist so viel mehr, als du denkst. Rufe dir für die nächsten Tage und Wochen immer wieder ins Bewusstsein, dass dein unendliches Potenzial in jedem Moment darauf wartet, freigelegt zu werden. Die Bewusstmachung dieser Tatsache wird dir dabei helfen, Kraft und Motivation zu schöpfen, um den Prozess der Transformation hin zu deiner besten Version in Gang zu bringen.

Notiere dir drei Punkte:

WAS WÜRDE SICH FÜR DICH ÄNDERN, SOBALD DU DEIN VOLLES POTENZIAL ENTFALTEST?

NOTIZEN

Kapitel 2

Die Komfortzone

„Die Schwäche ist stark.
Aber ich muss stärker sein."
Jocko Willink

Was ist die Komfortzone?

Um zu begreifen, weshalb es so wichtig ist, aus der Komfortzone auszubrechen und deine täglichen Routinen mit Erfolgsgewohnheiten zu bereichern, ist es wichtig zu verstehen, was die Komfortzone ist, weshalb es sie gibt und welchen natürlichen Zweck sie erfüllt. Denn nichts auf dieser Welt besteht einfach so. Alles, was in und um uns herum existiert hat einen tieferen Sinn. So auch die Komfortzone.

Du kannst dir deine Komfortzone wie einen umrandeten Bereich in deinem Leben vorstellen, in dem es dir gut geht und in dem du ein Gefühl von Sicherheit und Geborgenheit verspürst. In dieser Zone fühlst du dich wohl und hast nicht das Bedürfnis, irgendetwas zu verändern. Dieses Gefühl der Geborgenheit ist ein natürlicher Überlebensmechanismus, der für uns Menschen vor wenigen Tausend Jahren noch von immenser Wichtigkeit war. In Zeiten, in denen unsere Vorfahren noch in Höhlen lebten, lauerten die Gefahren überall. Es konnte deshalb lebensgefährlich sein, wenn man das eigene Zuhause verlassen und sich in unbekanntes Terrain begeben hat.

Das hat man nur dann getan, wenn es getan werden musste, um zu überleben. Zum Beispiel um Feuerholz zu sammeln, zu jagen, nach Essen zu suchen oder um Wasser am nächsten Fluss zu holen. Jedes Mal, wenn man nun seine Höhle verlassen hat, um sich sein Überleben zu sichern, hat man jene sichere Komfortzone verlassen. Erst hat man sich nur wenige Meter aus der Höhle herausgewagt und irgendwann Hunderte Meter oder mehrere Kilometer. Die Gefahr war zwar immer präsent, doch das Überschreiten der eigenen Ängste war notwendig, um das Überleben zu sichern.

> Erfolge in deinem persönlichen Wachstum sind minimale, kaum erkennbare tägliche Verbesserungen.

Ganz so dramatisch ist es natürlich heutzutage nicht mehr. In der heutigen westlichen Zivilisation müssen wir uns keine großen Gedanken mehr darübermachen, wie wir überleben. Der nächste Supermarkt ist vermutlich nur wenige Minuten von dir entfernt.

Das Risiko, vom wöchentlichen Großeinkauf nicht mehr heimzukehren, ist demnach äußerst gering. Dennoch sind diese Programme aus der Vergangenheit noch immer tief in unserer DNA verankert und behindern uns dabei, wahre Größe zu erreichen und unser volles Potenzial zu entfalten.

Diejenigen jedoch, die erkennen, wie wichtig es ist, sich seinen Ängsten zu stellen und die eigene Komfortzone regelmäßig zu verlassen, erheben sich hingegen in die wahren Höhen des Lebens. Denn je größer die Hürde ist, die du zu überwinden bereit bist, desto größer ist am Ende die Belohnung.

Stopp! Keine Sorge! Keine der kommenden Erfolgsgewohnheiten, die du dir in den nächsten Wochen und Monaten aneignen wirst, wird dich in Lebensgefahr bringen. Sie werden sich zwar unangenehm anfühlen und vermutlich wirst du häufig das Verlangen danach haben, das Programm zu beenden. Doch genau an diesem Punkt heißt es: DRANBLEIBEN! Diese Phasen sind die Schmerzphasen, in denen es das Allerwichtigste ist weiterzumachen. Das sind Punkte, an denen du an der Sinnhaftigkeit dieses Projekts zweifeln wirst, weil du keine erkennbaren Fortschritte erzielst. Doch das ist nur dein eigenes subjektives Empfinden, das dich täuscht. Noch einmal. Das Allerwichtigste ist es, durch diese Phasen des Schmerzes hindurchzugehen, ob du nun gerade dazu in Stimmung bist oder nicht.

Selbst dann, wenn du keinerlei sichtbaren Fortschritt bemerkst. Echte Erfolge stellen sich selten bis niemals von heute auf morgen ein. Erfolge in deinem persönlichen Wachstum sind minimale, kaum erkennbare tägliche Verbesserungen. Wenn es schmerzt, wirst du wachsen. Ist es gemütlich, bleibst du stehen. Und Stillstand bedeutet Rückschritt.

Zu deiner Komfortzone können unter anderem folgende Dinge zählen: Dein Zuhause, dein Auto, dein Arbeitsplatz, dein Freundeskreis, Speisen, Fernsehsendungen, dein Handy, dein Bett, dein Wohnzimmer, deine Lieblingskneipe, dein Fitness-Studio etc. Alle Dinge, Tätigkeiten und Orte, in denen du dich wohl und aufgehoben fühlst. Auch deine bisherige Art zu denken, ist ein Teil deiner Komfortzone. „Über den Tellerrand hinauszublicken", bedeutet demnach nichts anderes, als die Denkbarrieren deiner gedanklichen Komfortzone zu durchbrechen. Jede Aktivität, im Außen und im Inneren, alles Unbekannte und sämtliche Situationen, in denen du dich unwohl fühlst, kann man hingegen als die *Wachstums-Zone* bezeichnen.

Hier muss dir eines ganz klarwerden: Dieser Bereich ist unser Freund und Helfer! Er ist hart, aber fair. Er lässt dich zwar Schmerzen spüren, doch er hilft uns gleichzeitig auch dabei zu wachsen und zur besten Version zu werden, die wir sein können. Ganz im Gegenteil zu deiner Komfortzone. Das ist dein größter Feind, der dich in allem Fortschritt behindert.

Brich endlich aus!

Fortschritt jeglicher Art ist nur außerhalb der eigenen Komfortzone möglich. Wie du weißt, können wir im Leben nur dann mehr erreichen, wenn wir selbst mehr werden. Und dazu ist es nötig, Dinge zu tun, die deinen Körper und Geist nicht nur optimieren, sondern die den Rahmen deiner Komfortzone sprengen. Je kleiner also der Drang nach Komfort in dir wird und je größer dein Engagement ist, die Dinge zu tun, die in dir Unbehagen hervorrufen, desto eher bist du auch in Zukunft dazu bereit, Dinge zu unternehmen, die dir das verschaffen, was du in deinem Leben haben oder erreichen möchtest. Ganz gleich ob materieller oder spiritueller Art.

Menschen, die außerordentliche Erfolge in ihrem Leben feiern, hatten nicht einfach nur Glück oder sind mit einem Erfolgsbewusstsein zur Welt gekommen. Diese Menschen haben sich Gewohnheiten angeeignet und Dinge getan, die dazu beigetragen haben, Ergebnisse zu produzieren. Diese Erfolge liegen niemals innerhalb der eigenen Komfortzone, sondern stets außerhalb. Möchtest du also mehr vom Leben, MUSST du bereit sein, unbequeme Situationen zu suchen und Dinge zu tun, die mehr von dir verlangen, als bis tief in die Nacht auf der Couch zu liegen, Serien zu schauen, spät aufzustehen und undiszipliniert den Tag zu durchleben. Fortschritt und persönliche Weiterentwicklung erfordern Willenskraft und Disziplin. Diese beiden Eigenschaften sind erlernbar, indem wir uns unserer inneren Stärke bewusstwerden und uns gezielt jeden Tag aufs Neue Schritt für Schritt aus unserer Komfortzone herausbewegen.

Die Komfortzone ist dein Feind

Wenn wir verstehen, wie wir im Leben wachsen, verstehen wir das Leben an sich. Alles in diesem Universum ist auf Wachstum ausgerichtet. Das Universum selbst dehnt sich jede Sekunde weiter aus. Es entstehen neue Galaxien, neue Planeten und neue Lebensformen. All dies geschieht jedoch nur durch das grundlegendste Prinzip des Lebens selbst und das heißt: Wachstum.

Hältst du es für möglich, dass sich das Universum innerhalb seiner eigenen Komfortzone weiterentwickelt?

Nein? Ich auch nicht. Jede Ausdehnung sprengt die Grenzen der vorherig bestehenden Zone. Das bedeutet, dass auch dein persönliches Wachstum nur dann stattfinden kann, wenn du deine persönlichen Grenzen sprengst und diese Grenze ist nichts weiter als die Umrandung deiner Komfortzone.

Jedes Mal, sobald du dich außerhalb dieser Zone bewegst, entwickelst du dich weiter. Du solltest es dir also zur Gewohnheit machen, deine Komfortzone als Feind zu betrachten, den es zu besiegen gilt. Und diesen besiegst du nur, wenn du seine Grenzen durchbrichst und wenn du dich so lange wie möglich im Schmerzbereich aufhältst. Du hältst dich dort solange auf, bis dieser Bereich zu einem Teil deiner neuen Komfortzone geworden ist. Ich weiß, das klingt etwas martialisch, doch genau das ist es, was dir klar werden muss. Es ist ein Kampf gegen dich selbst und du bist hierbei dein größter Gegner, denn du bist der, der diese Grenzen zieht.

Dieses Buch soll dir dabei helfen, dich selbst zu besiegen, denn nichts im Leben wird dich je mehr herausfordern, als das Leben selbst. Nur du kannst entscheiden, ob du die Herausforderung annimmst und kämpfst, oder ob du dich dazu entscheidest vor ihr zu fliehen und ob du dich tief in das Zentrum deiner Komfortzone zurückziehst. Nimm das Wort Herausforderung an dieser Stelle gerne mal genauer unter die Lupe. Es handelt sich um eine Forderung des Lebens, herauszutreten aus der eigenen Komfortzone. Sich dem Schmerz zu stellen und Handlungen zu unternehmen, die dem Grundprinzip des Lebens dienlich sind. Was denkst du, wie könnte die Welt in einhundert Jahren aussehen, wenn alle Menschen auf dieser Erde sich dieses Grundprinzips bewusst würden? Wenn die Menschen begreifen würden, dass sie ihr Leben und das Leben aller Menschen um sie herum nur dann verbessern, wenn sie sich selbst verbessern.

Mindzed Tipp #2

Wann immer du in deinem Alltag die Möglichkeit findest, aus deiner Komfortzone auszubrechen, wage den Schritt. Du hast in jeder Sekunde die freie Wahl, dich entweder für Wachstum oder für Stillstand zu entscheiden. Mache es dir deshalb zur Gewohnheit, das Gefühl des „keine-lust-habens" als Anlass zu nehmen, die Dinge in die Tat umzusetzen.

Notiere dir drei Punkte:

WANN BIST DU ZULETZT BEWUSST AUS DEINER KOMFORTZONE HERAUSGETRETEN?

NOTIZEN

Kapitel 3

Der Prozess

„Mache das Beste aus dir, denn das ist alles was du hast.“

Ralph Waldo Emerson

8 Gewohnheiten in 88 Tagen

Jeder von uns hat tägliche Gewohnheiten. Die meisten davon praktizieren wir vollkommen automatisiert und unbewusst. Oft sind es Gewohnheiten, die unserem Wachstum nicht förderlich sind oder schlimmer noch: Es sind Gewohnheiten, die unser Wachstum gänzlich lahmlegen. In diesem Zusammenhang sprechen wir zum Beispiel von regelmäßigem Alkoholkonsum, Zigaretten, Fast Food, Süßigkeiten oder auch erhöhtem Fernsehkonsum etc. Derartige Gewohnheiten rufen zwar meist kurzfristige Glücksgefühle in uns hervor, doch gleichzeitig spielen sie einen mächtigen Gegenpart in unserem Wachstumsprozess. Merke dir deshalb bitte folgende Regel:

Kurzfristige Freuden erzeugen langfristige Schmerzen!

Kurzfristige Schmerzen erzeugen langfristige Freuden!

Exakt an dieser Regel knüpfen wir mit dem Programm der „acht Erfolgsgewohnheiten in 88 Tagen" an. Zum einen werden wir uns unserer Handlungen bewusst, indem wir auf gewisse negative Gewohnheiten verzichten. Zum anderen sprengen wir gemeinsam deine Komfortzone, indem wir in dir kurzfristige Schmerzen hervorrufen, um langfristige Freuden zu erleben. Nur diejenigen Momente, die dich langfristig glücklich machen, sind von wahrem Wert gekrönt. Aber keine Sorge, nicht jede Gewohnheit, die wir in dein Leben etablieren, wird dir wirklich Schmerzen zufügen. Es kann aber sein, dass du dich bei der einen oder anderen Routine am Anfang etwas unwohl fühlen wirst. Hier wird dir dein Körper signalisieren, dass das, was du gerade tust, nicht dem entspricht was du sonst tust. Er wird dir versuchen einzureden, dass du besser zu deinen alten Mustern zurückkehren solltest. Dass du im Begriff bist, deine „sichere" Komfortzone zu verlassen und dich in unbekanntes, „gefährliches" Terrain begibst. Denke bitte daran: Wir befinden uns nicht mehr in der Steinzeit und die Gefahr „Neues auszuprobieren" ist heutzutage sehr viel ungefährlicher, als es damals noch war.

Du kannst dir das im Prinzip sehr einfach vorstellen: Eine etablierte Gewohnheit ist wie ein festgetretener neuronaler Pfad in deinem Gehirn. Dieser Pfad wurde durch häufige Wiederholung und Belohnung in dir verankert. Dieser sorgt dafür, dass, sobald du etwas anders machst als gewohnt, in deinem Körper und deinem Gehirn biochemische Reaktionen erzeugt werden, die dich dazu verleiten, so zu handeln, wie du immer handelst. Am besten, du liest den letzten Satz noch einmal, denn er ist von grundlegender Bedeutung, um zu verstehen, weshalb du nicht ins Fitnessstudio gehst, obwohl du es eigentlich solltest. Weshalb du das neue Buch noch nicht angefangen hast zu lesen, obwohl du es eigentlich solltest. Weshalb du den Fernseher nicht eher ausmachst, obwohl du es eigentlich solltest. Wieso du nicht zeitiger ins Bett gehst, obwohl du es eigentlich solltest. Warum du nicht früher aufstehst, obwohl du es eigentlich solltest. Du verstehst, weshalb du so handelst, wie du täglich handelst. Es ist meist nicht dein bewusstes Selbst, das diese Entscheidungen trifft. Es sind Programme in deinem Gehirn, die dich *kontrollieren*. Es ist wichtig, sich darüber bewusst zu werden, dass DU derjenige sein solltest, der zu jeder Zeit das Steuer in der Hand und die volle Kontrolle über sein Leben hat.

Es ist nicht dein bewusstes Selbst, das diese Entscheidungen trifft. Es sind Programme in deinem Gehirn, die dich kontrollieren.

Du solltest derjenige sein, der die Entscheidungen trifft. Und zwar die, die gut für dich sind und die DEINEM Wachstum und deinem Lebensglück dienlich sind. Triff also JETZT bewusst die Entscheidung und tue das, was das Wort „Entscheidung“ wirklich bedeutet. Praktiziere eine SCHEIDUNG von deinem alten „Ich“ und werde zu dem, was du tatsächlich bist. Ein Mensch mit unendlichem Potenzial, das zu jeder Sekunde bereit ist, freigesetzt zu werden!

Warum das alles?

Das *Mindzed Potenzial* verankert in dir jene Erfolgsgewohnheiten, die dich in eine verbesserte, diszipliniertere und selbstbewusstere Persönlichkeit verwandeln. Es festigt dich in deinem Charakter und hilft dir, dein Lebensglück und deinen inneren Frieden wiederzuentdecken. Es hilft dir dabei, die Person zu werden, die du schon immer sein wolltest. Das zu erreichen, das du schon immer erreichen wolltest. Und das Leben zu leben, das du schon immer leben wolltest, indem du dich zu dem Menschen weiterentwickelst, der zu außergewöhnlichen Dingen in der Lage ist.

Dafür ist es notwendig, Ideen in die Tat umzusetzen, denn all das, was du hier liest wird schlussendlich keine Ergebnisse einbringen, wenn du nicht auch danach handelst.

Alle elf Tage etablieren wir gemeinsam eine neue Gewohnheit in deinen Alltag. Das sind jene

Gewohnheiten, die die erfolgreichsten Menschen der Welt in ihr tägliches Leben etabliert haben, um zu den Menschen zu werden, die sie geworden sind. Es sind Maßnahmen, die dich als Persönlichkeit wachsen lassen und die dich dazu animieren werden, größer zu denken, größer zu handeln und größer zu werden.

Schritt für Schritt führen wir jene Veränderung in dir herbei, die dich zu deinem besten Selbst heranreifen lässt. Wirklich effektive Veränderungen lassen sich aber leider nicht von heute auf morgen langfristig etablieren. Wenn du dein Leben von heute auf morgen um 180 Grad verändern würdest, würdest du übermorgen sehr wahrscheinlich 100 Prozent zurückrudern, da dein Gehirn, dein Körper und dein Geist sich nur langsam an neue Umstände gewöhnen und für solche eine Veränderung noch nicht bereit wären.

Der Frosch im Topf

Angenommen wir erhitzen einen Topf voll mit Wasser und bringen diesen zum Kochen. Sobald das Wasser zu kochen beginnt, werfen wir einen lebendigen Frosch hinein. Was würde passieren? Ganz klar: Der Frosch würde im selben Moment aufgrund der unerträglichen und existenziellen Veränderung und Bedrohung sofort wieder heraushüpfen. Schließlich geht es hier um Leben und Tod.

Doch was passiert, wenn man den Frosch von Beginn an in das kalte Wasser setzt und die Temperatur nur langsam erhöht? In diesem Fall würde der Frosch die schrittweise Veränderung nicht wahrnehmen und solange sitzen bleiben bis er im kochend heißen Wasser schließlich stirbt. (Ich bitte dich, dieses Experiment aus Tierschutzgründen zu unterlassen.)

Ganz ähnlich sieht es auch bei uns Menschen aus. Würden wir uns zu viele „schmerzhafte" Veränderungen auf einmal zumuten, würden wir so schnell wie möglich zu unserem alten Leben zurückkehren. Die Veränderung würde in uns ein solches Unbehagen auslösen, dass wir nicht in der Lage wären, dem Druck jener Situation standzuhalten. Wir würden alle möglichen Gründe finden, die uns bestätigen, dass es besser wäre, wieder zu den alten Routinen und ins Innere unserer Komfortzone zurückzukehren.

Warum nicht alle acht auf einmal?

Wir Menschen haben zwar ein unendlich großes Potenzial, doch im Grunde sind wir sehr einfach gestrickt. Was uns momentan nicht umbringt und was in uns eine gewisse Zufriedenheit erzeugt, akzeptieren wir als unser Leben. Veränderungen hingegen widerstreben uns. Etwas zu tun, das wir noch nie getan haben, widerstrebt uns noch viel mehr. Das ist auch der Grund, weshalb wir die Veränderungen mit diesem Erfolgsprogramm auch nur schrittweise in dein Leben integrieren werden. Wie bei dem Frosch im Kochtopf wäre es dir kaum möglich, alle Routinen auf einmal in dein Leben zu etablieren. Wenn du aber eine Gewohnheit nach der anderen in die Umsetzung bringst, benötigst du bei der Installation sehr viel weniger Energie. Richte den Fokus also alle elf Tage auf die neue Gewohnheit. Nach diesen elf Tagen fällt dir jene Routine bereits sehr viel leichter und es ist nicht mehr so viel Willenskraft nötig, um sie in deinem Gehirn zu verankern. Hast du elf Tage lang die erste Erfolgsroutine praktiziert, qualifizierst du dich für die nächste Gewohnheit, während du die vorherigen Routinen weiterhin wie gehabt ausführst. Der Fokus liegt dann jedoch immer auf der nächsten Herausforderung. So verinnerlichst du das Ganze Schritt für Schritt und über einen langen Zeitraum. Derartige Erfolgspraktiken sind jedoch nur dann wirklich nützlich, wenn sie konstant, Tag für Tag umgesetzt werden.

Tust du über 88 Tage lang das, was die erfolgreichsten Menschen der Welt ebenso tagtäglich praktizieren, brennen sich diese Gewohnheiten nicht nur in dein Gehirn, sondern du entwickelst dich zu genau der Art von Persönlichkeit, die in der Lage ist, ebenfalls große Erfolge in ihr Leben zu ziehen. Selbstverständlich solltest du die installierten Routinen nach den 88 Tagen nicht alle abreißen lassen. Am besten wäre es natürlich, wenn du sämtliche Erfolgsgewohnheiten dein Leben lang praktizierst.

Da dies in manchen Fällen jedoch nicht möglich ist, behalte dir danach unbedingt diejenigen bei, die dir persönlich den größten Mehrwert bieten und die meiste Veränderung bewirken.

Die Entscheidung

Entscheidest du dich also dafür, mit dem Projekt zu beginnen, ist es wichtig, dieses auch zu beenden. Nur so kannst du wirkliche Erfolge realisieren. Triff deshalb bitte eine bewusste Entscheidung, ob und vor allem wann du damit starten möchtest. Fange nicht einfach aus einer Emotion heraus an, weil dich das, was du hier liest, kurzfristig motiviert hat. Sage bewusst „Ja!" zu einer positiven Veränderung in deinem Leben. Zu einer positiven Transformation deiner Selbst. Sage „Ja" zum Aufschwung in neue Höhen! Setze dich hierfür am besten ruhig hin, atme tief ein, schließe deine Augen und stelle dir vor, wie dein Leben aussehen würde, wenn du zu dem Menschen wirst, der du gern wärst. Stelle dir vor, mit welchem Selbstbewusstsein du durch den Tag gehst. Wie souverän du auf andere Menschen wirkst. Die Ausstrahlung, die dich im Alltag umgibt. Stelle dir die allerbeste Version von dir vor, die du sein kannst und spüre die grenzenlose Kraft, die dich durchdringt.

Entscheide Dich!

Schließe bitte jetzt das Buch. Schließe deine Augen und nimm dir ein paar Minuten Zeit, um dir das Ganze bildlich und emotional vorzustellen. Gehe in dich und stell dir all die Erfolge in deinem Leben vor, die du erringen möchtest. Frage dich dann selbst, ob es das Ganze wert wäre, für 88 Tage lang umzusetzen. Schließe das Buch. Jetzt.

Nun triff bitte eine Entscheidung. Hast du den Mut zur besten Version von dir selbst zu werden? Bist du bereit, Dinge in die Umsetzung zu bringen, die sich für dich unangenehm anfühlen werden? Bist du entschlossen, dein inneres Feuer zu entfachen? Wenn du diese Fragen mit „JA!" beantwortet hast, dann gratuliere ich dir zu deiner Entscheidung. Du betrittst jetzt den Weg, der für dich von Natur aus vorgesehen ist. Den bewussten Weg des Wachstums und des Fortschritts.

Bitte setze dir nun einen zeitnahen Start für deinen Wachstumsprozess und notiere ihn dir auf der nächsten Seite schriftlich mit deiner persönlichen Unterschrift. Denke daran: Sobald du diesen Vertrag mit dir selbst eingehst, bist du dir selbst gegenüber verpflichtet, diesen Vertrag einzuhalten. Du kannst dir auch einen Partner aus deinem Umfeld suchen, mit dem du das *Mindzed Potenzial* gemeinsam praktizierst. So könnt ihr euch gegenseitig motivieren, Erfahrungen austauschen und unterstützen, wenn es mal nicht so gut läuft.

Noch ein kleiner Tipp! Verzögere den Beginn des *Mindzed Potenzials* nicht allzu lange. Gewinner treffen bewusste Entscheidungen in kurzer Zeit und zögern nichts heraus, nur um es vor sich herzuschieben, weil sie Angst vor der Veränderung haben. Betrachte die bevorstehende Herausforderung einfach als eine Art Spiel. In diesem Spiel spielt deine alte Version gegen deine neue Version und nur du entscheidest, welche Version am Ende gewinnt.

DEIN VERTRAG MIT DIR SELBST

Ich ____
(Vorname/Nachname) beginne am _______________
den _______________ (Tag/Datum) meine persönliche Reise mit dem „MINDZED POTENZIAL" und verpflichte mich mit meiner Unterschrift mir und meinem einzigartigen Leben gegenüber, dass ich das 88 Tage Programm komplett durchlaufen werde. Ich bin mir darüber im Klaren, dass mein Leben ein Geschenk ist, dass es wert ist, voll ausgelebt zu werden. Nur wenn ich selbst besser werde, wird auch mein Leben und das Leben der Menschen um mich herum besser. Mir ist bewusst, dass ich, um zu wachsen, aus meiner Komfortzone ausbrechen muss und wohl oftmals an der Sinnhaftigkeit des Ganzen zweifeln werde. Mir ist bewusst, dass diese Zweifel emotionale Reaktionen sind, die durch neuronale Verankerungen in meinem Gehirn erzeugt werden, um mich davon zu überzeugen, alles beim Alten zu belassen. Das hat nichts mit der bewusst getroffenen Entscheidung zu tun, die ich heute treffe, um der beste Mensch zu werden, der ich sein kann. Mir ist ebenfalls bewusst, dass sich Erfolge nicht innerhalb weniger Tage einstellen, sondern dass diese eine Anhäufung von minimalen, kaum sichtbaren positiven Veränderungen darstellen.

____
Ort, Datum, Unterschrift

DIE ACHT ERFOLGSGEWOHNHEITEN

1. Bettruhe ab 21:30 Uhr (Ab Tag1-11)
2. Das Dankbarkeitsgebet (Ab Tag 12-22)
3. Täglich 05:00Uhr Aufstehen (Ab Tag 23-33)
4. Täglich 10 Seiten lesen (Ab Tag 34-44)
5. Tägliche Meditation (Ab Tag 45-55)
6. Täglich kalt duschen (Ab Tag 56-66)
7. Tägliche Affirmationen (Ab Tag 67-77)
8. Tägliche Zielvisualisierung (Ab Tag 78-88)

Mindzed Tipp #3

Entscheidungen zu treffen, die zu deinem Wachstumsprozess beitragen, sind nie einfach. Mache dir aber bewusst, dass unser Leben in jeder Sekunde aus Entscheidungen besteht. Wir können uns nicht nicht entscheiden. Versuche in Zukunft deshalb bewusstere Entscheidungen zu treffen und sei dir stets über die Konsequenzen deiner Handlungen im Klaren. Frage dich so oft wie möglich, ob die Entscheidung, die du jetzt triffst, dir selbst oder anderen Menschen dienlich ist.

WELCHE DIENLICHE ENTSCHEIDUNG WIRST DU HEUTE TREFFEN?

NOTIZEN

Kapitel 4

Es geht los!

„Früh schlafen gehen und früh aufstehen, schafft Reichtum, Weisheit und Wohlergehen.“

John Clarke

Tag 1 – 11
1. Erfolgsgewohnheit
Bettruhe ab 21:30 Uhr

Wie ich sehe, hast du den richtigen Entschluss gefasst! Jedenfalls gehe ich jetzt einfach mal davon aus, da du wohl sonst nicht weiterlesen würdest. Wenn du also wirklich die Entscheidung getroffen hast, dich von einigen deiner bisherigen Lebensgewohnheiten zu scheiden, möchte ich dich an dieser Stelle noch mal sehr herzlich beglückwünschen. Du gehörst nun zu einem be-scheidenen Kreis von Menschen, die wirklich bewusst „Ja“ zu sich und ihrem Leben sagen. Nur die wenigsten Menschen treffen in ihrem Leben je die Entscheidung, sich selbst durch gezielte

Maßnahmen bewusst zu verbessern und kontinuierlich an sich zu arbeiten. Du jedoch scheinst einer dieser Wenigen zu sein und aus diesem Grund habe ich bereits jetzt den größten Respekt vor dir. Der Wille zur Verbesserung ist bereits der halbe Weg.

Ich möchte dir an dieser Stelle aber auch nichts vormachen, denn schließlich haben wir noch gar nicht angefangen. Aus welchem Holz du wirklich geschnitzt bist, zeigt sich am Ende des *Mindzed Potenzials*. Erst dann wird sich herausstellen, ob du einer der wenigen Menschen sein wirst, der das 88 Tage Programm auch wirklich bis zum Schluss umsetzen wird.

Das *Mindzed Potenzial* wurde dazu konzipiert, um dir dabei zu helfen zu dem Menschen zu werden, der seine Ziele, welche auch immer das sein sollen, erreichen kann. Es soll dich darin unterstützen Selbstvertrauen, mentale Stärke, Willenskraft und inneren Frieden zu entwickeln. Dieses Programm soll die Weichen stellen und das Fundament legen für ein erfolgreiches Leben in allen Belangen. Und nun, mein Freund, lass uns beginnen.

Die erste Gewohnheit

Die erste Gewohnheit, die du dir aneignen wirst, ist die, jeden Tag ab 21:30 Uhr im Bett zu liegen und zu schlafen. Diese tägliche Routine ermöglicht es dir, deinen Schlafrhythmus zu verändern und für das tägliche Aufstehen um 05:00 Uhr, das dich ab Tag 22 erwartet, vorzubereiten.

Tatsächlich sind die meisten von uns spät abends selten noch produktiv und oft lassen wir uns dazu verleiten bis tief in die Nacht vor dem Fernseher zu sitzen, mit dem IPad zu spielen oder unbewusst durch Soziale Medien zu scrollen. Aktivitäten, die, wie du selbst weißt, deinem Wachstum keinen dauerhaften und langfristigen Nutzen erbringen. Eher ist das Gegenteil der Fall. Der erhöhte Fernsehkonsum und die ständige Bindung an Smartphones und Tablets entkoppeln uns von der Realität und aus dem jetzigen Moment. Dadurch ist man nicht mehr bei vollem Bewusstsein. Verbringe deinen wertvollen Abend also nicht bewusstlos, sondern gönne deinem Körper und deinem Geist eine Auszeit von all den Eindrücken, die du tagsüber erfahren hast.

Morgens und abends ist das Tor zu deinem Unterbewusstsein weit geöffnet.

Gerade die Zeiten am frühen Morgen und am Abend werden wir uns gemeinsam zunutze machen, denn abends und morgens ist das Tor zu unserem Unterbewusstsein weit geöffnet. Auf das Thema Unterbewusstsein werden wir später noch genauer eingehen. Merke dir jedoch vorerst Folgendes: 95 Prozent der Dinge, die wir täglich denken und nach denen wir handeln, entspringen aus unserem Unbewussten. Nur fünf Prozent entscheiden wir tatsächlich bewusst. Hältst du es demnach nicht auch für von entscheidender Bedeutung, dass wir gezielt Einfluss auf die 95 Prozent nehmen, um unserem Autopiloten namens Unterbewusstsein neue Marschrouten für unser Leben einzugeben?

Warum das frühe Zubettgehen so wichtig ist

Die Schlafforschung hat herausgefunden, dass wir Menschen fünf 90-minütige Schlafzyklen, also 7,5 Stunden Schlaf benötigen um unserem Körper und unserem Geist die Regeneration zu ermöglichen, die er benötigt, um fit, fokussiert und kreativ durch den Tag zu gehen. Damit du ab Tag 22 um 05:00 Uhr morgens also regeneriert und fokussiert aus dem Bett kommst, ist es notwendig, dass du es dir angewöhnst diese „Schlafenszeit" als Abendroutine in deinen Tagesablauf zu etablieren. Da sich die meisten von uns jedoch eher eine Gewohnheit des späten Zubettgehens angeeignet haben und das Ganze oft auch noch mit Fernsehkonsum, Socialmedia oder anderen kontraproduktiven Dingen verbinden, die in ihrem Gehirn kurzfristige Endorphine ausschütten, ist das frühe Zubettgehen nicht die Einfachste der acht Erfolgsroutinen. Neben der Notwendigkeit genügend Schlaf zu bekommen, bietet das frühe Bettgehen aber noch weitere Vorteile.

Es ist die erste zu etablierende Gewohnheit im Prozess deiner persönlichen Meisterschaft. Es ist die Erste der acht Stufen des Erfolgs, die du erklimmen wirst. Du wirst das erste Mal bewusst deinen Fokus auf die Installation einer neuen Routine richten, die dir, wenn du sie langfristig umsetzt, von großem Nutzen sein wird. Dieser erste Akt ist aufregend und verschafft dir mit jedem Tag, an dem du das frühe Zubettgehen praktizierst, das Gefühl, in die Umsetzung zu kommen. Du übernimmst Verantwortung über dein Leben und über die Richtung, in die du es von nun an selbstbewusst lenken wirst. Du wirst feststellen, dass der Fokus auf eine Sache, täglich umgesetzt, langfristige Ergebnisse einbringen wird. Nun wird dir diese erste Gewohnheit keine sofortigen, sichtbaren und greifbaren Früchte abwerfen. Jedoch ist das der Beginn dieser Reise und zugleich verbunden mit allen weiteren Routinen, die du in den nächsten Wochen in dein Leben integrieren wirst. Du wirst mit mehr Freude, mehr Bewusstsein und mehr Energie durch den Tag gehen. Du wirst das Schlafen nicht mehr nur als notwendige Sache betrachten, sondern als bewusst durchgeführten Akt, um aus dir und deinem Leben das herauszuholen, das dir von Natur aus zusteht.

Lasse dich nicht ablenken

Bei jedem Projekt, jedem Plan und jeder Unternehmung, die du in deinem Leben umsetzen möchtest, wirst du auf Hindernisse und Herausforderungen treffen, die du zuvor nicht eingeplant hast und die dir bei der Planung und zum Zeitpunkt der Entscheidung, etwas zu verändern, nicht bewusst waren.

Das Leben wird versuchen, dich von deinem Vorhaben abzulenken. Es wird dir alle möglichen Hürden in den Weg stellen, damit du den Weg des Erfolgs verlässt und zum Durchschnitt zurückkehrst. Disziplin und Wille ist der Treibstoff, mit dem du diese Hürden überwinden wirst.

> Disziplin und Wille ist der Treibstoff, mit dem du Hürden überwinden wirst.

Dieser Wille ist wie ein Muskel, den du täglich trainieren musst. Lässt du nach, wird er erschlaffen, du wirst nachlässig und kaum ist es dir bewusst, kehrst du wieder zum alten Trott zurück, der dich keinen Millimeter in deinem Leben voranbringt. Sei dir also darüber im Klaren, dass unvorhersehbare äußere Einflüsse auftreten werden. Wenn das geschieht hast du eine Entscheidung zu treffen. Halte dir aber immer wieder vor Augen: Kurzfristiger Schmerz bspw. durch Verzicht, erzeugt langfristige Freude.

Beispiel: Deine Freunde planen abends mit dir gemeinsam in die Stadt zu gehen um zu feiern. Du bist erst seit wenigen Tagen dabei, dir deine neue Routine des frühen Schlafens anzueignen und warst bisher diszipliniert in der Umsetzung. Dir ist bewusst, dass, wenn du zusagst, nicht vor 04:00 Uhr Früh nach Hause kommst. Hier stehst du nun vor einer

Entscheidung: kurzfristige Freuden durch Alkohol und Spaß oder kurzfristige Schmerzen, durch Verzicht und Disziplin. Was würdest du tun? Ich verlange nicht, dass du nie wieder feiern gehen und keine Freunde mehr treffen sollst. Wenn du aber dabei bist, eine neue Routine in dein Leben zu integrieren, solltest du nicht den Fehler begehen, zu zeitig Ausnahmen zu machen. Du katapultierst dich dadurch schneller in dein altes Gewohnheitsmuster zurück, als du denkst.

Mache dir immer wieder bewusst, dass die kleinen Dinge täglich umgesetzt, langfristige Erfolge einbringen werden, auch dann, wenn dir gerade nicht danach ist. Du musst nicht bei jedem Ereignis dabei sein, das dein Freundeskreis plant. Es ist vollkommen in Ordnung, sein eigenes Ding zu machen. Verstehe mich hier bitte nicht falsch. Freundschaften und soziale Bindungen zu anderen Menschen sind mit das Wichtigste für ein glückliches und harmonisches Leben und sollten auf keinen Fall vernachlässigt werden. Sei aber auch gerne mit dir und deiner Entwicklung beschäftigt. Sei stolz darauf, das Ruder in der Hand zu halten und bewusste Entscheidungen zu treffen. Das aktiv ausgesprochene Wort „NEIN“ ist hierbei ein äußerst hilfreicher und effektiver Wegbegleiter, um auf der Spur zu bleiben. Diejenigen, die dich wirklich gernhaben, werden es verstehen und akzeptieren.

Vielleicht wird sich sogar der ein oder andere durch dein Handeln inspiriert fühlen und dich auf dem Weg begleiten.

Was, wenn du nicht sofort einschläfst?

Du hast dir sicher schon die Frage gestellt, ob du dich denn um Punkt 21:30 Uhr im Land der Träume befinden musst. Vorweg: Müssen – tust du gar nichts. Ob du nach einer Minute oder nach einer Stunde einschläfst, hast du nicht unter Kontrolle. Du kannst natürlich Dinge tun oder unterlassen, die dich dabei unterstützen, die Einschlafzeit zu verkürzen, doch letzten Endes hast du es nicht zu hundert Prozent in der Hand. Es wäre zwar hilfreich, wenn wir das bewusst kontrollieren könnten, doch das liegt nicht in unserem Ermessen. Zumindest nicht dann, wenn wir auf natürliche Weise einschlafen möchten und genau das ist ja der Plan des Ganzen.

Gib deinem Körper also die nötige Zeit, sich umzustellen. Wenn du es gewohnt bist, früh schlafen zu gehen und es für dich keine große Umstellung ist, wirst du keine Schwierigkeiten haben, das Ganze so fortzuführen. Solltest du jedoch zu den Menschen gehören, die generell länger aufbleiben, um „mehr vom Tag zu haben", könnte es anfangs etwas länger dauern, bis du tatsächlich einschläfst. Werde hier aber bitte nicht nervös oder ungeduldig, wenn du tatsächlich mal länger wach liegst.

In dieser Phase ist es noch nicht so wichtig, wieviel Schlaf du bekommst. Viel wichtiger ist es, die regelmäßige Gewohnheit des frühen Zubettgehens zu praktizieren und das hast du ja schließlich gemacht. Du wirst sehen, mit jedem Tag, den du zur selben Zeit ins Bett gehst, wird sich dein Körper und Geist immer mehr daran gewöhnen. Es wird dir von Mal zu Mal leichter fallen und du wirst merken, dass das frühe Zubettgehen bald Teil deiner ganz normalen Routine geworden ist. Also denke daran: auch wenn es dir zu Beginn schwerfallen sollte, je öfter du deine neue Gewohnheit in die Tat umsetzt, desto leichter wird es und desto schneller wirst du mit der Zeit auch einschlafen.

Schicht? Unternehmer? Workaholic?

Solltest du im Schichtsystem arbeiten, Unternehmer und/ oder Workaholic sein, sind die Ratschläge, die ich dir auf den vorangegangenen Seiten erläutert habe, schwer umsetzbar. Du kannst, dir jedoch ein eigenes System entwerfen, das auf deine persönliche Situation zugeschnitten ist.

Lasse deiner Kreativität hierbei einfach freien Lauf und tue Dinge, die für dein Wachstum förderlich sind. Kombiniere deine aktuelle Lebenssituation mit den hier aufgeführten Gewohnheiten, so wie es für dich am besten passt. Das Wichtigste ist, in die Umsetzung zu kommen und dienliche Routinen aufzubauen, unabhängig davon, in welchem Schichtmodell du aktiv bist.

Sollte es dir jedoch auch außerhalb der Schichtarbeit aus beruflicher oder unternehmerischer Sicht nicht möglich sein, zu so früher Stunde zu schlafen, gewöhne dir zumindest an, etwas früher als normal und zu den selben Zeiten ins Bett zu gehen. Dies gibt deinem Tag eine gewisse Struktur und Ordnung.

Abschließend folgen hier noch einige Ratschläge, die dir das Einschlafen erschweren und deinen Schlaf negativ beeinflussen können. Versuche diese Faktoren vor dem Schlafengehen bitte so gut es geht zu minimieren oder komplett zu beseitigen. Nur so schaffst du dir optimale Voraussetzungen für einen schnellen und gesunden Schlaf:

- Blaulicht durch Bildschirme von Smartphones, Fernseher, Tablets oder Computer
- Koffeinhaltige Getränke nach 15 Uhr
- Aufregende und/oder grausame Filme
- Laute und „stressige" Musik
- Schweres und fettiges Essen am Abend
- Negative Nachrichten (95 Prozent davon sind negativ!)
- Emotionale Diskussionen oder Streitereien
- Computerspiele
- Elektro-Smog
- Zu wenig Sauerstoff

Mindzed Tipp #4

Es kann hilfreich sein, wenn du dir abends einen Alarm einstellst, der dich daran erinnert, dass es Zeit wird ins Bett zu gehen. Stelle dir hierfür am besten eine Stunde bevor du ins Bett gehst eine Erinnerung. So hast du noch genügend Zeit, um dich bettfertig zu machen und deine abendlichen Routinen abzuschließen.

AUS WELCHEM LOGISCHEN GRUND SOLLTEST DU LÄNGER AUFBLEIBEN ALS UNBEDINGT NÖTIG?

NOTIZEN

Kapitel 5

Der Anfang ist gemacht!

„Am Horizont der Dankbarkeit beginnt der Horizont des Friedens.“

Christof Maria Lebek

Tag 12 – 22
+ 2. Erfolgsgewohnheit
Das Dankbarkeitsgebet

Nein, dieses Buch ist kein religiöses Buch. Dieses Buch soll dir dabei helfen, absolute High-Performance-Gewohnheiten in dein Leben zu integrieren, die dich als Mensch wachsen lassen. Routinen, die dich zu einem Menschen entwickeln, der das absolut Beste aus sich herausholt. Jemand, der mit innerem Frieden, Selbstvertrauen und dem täglichen Empfinden von Glück durchs Leben geht. Es ist ein Wegbegleiter für eine herausfordernde und bewusste Zeit der Transformation. Doch was hat ein Dankbarkeitsgebet mit Erfolgsgewohnheiten zu tun?

Unsere heutige Zeit ist stark geprägt von Massenkonsum, Oberflächlichkeit und überschwänglichem Materialismus. Nie zuvor besaß der Mensch so viel und war im selben Moment so unglücklich. Unsere Häuser werden immer größer, unsere Autos immer schneller, unsere Kleidung immer teurer und unsere Technologien immer fortschrittlicher und in der gleichen Zeit fühlen wir uns innerlich immer leerer.

Und das obwohl wir alles haben, was wir für ein gutes Leben brauchen. Wie kann es sein, dass wir uns ständig nach dem sehnen was uns augenscheinlich fehlt? Weshalb machen wir unser Glück davon abhängig, was wir nicht haben, anstatt unseren Blick darauf zu richten, was uns alles umgibt? Indem wir unseren Fokus und unseren Geist bewusst auf das lenken, für das wir jeden Tag dankbar sein dürfen, werden wir uns darüber bewusst, welcher Reichtum und welche Fülle in und um uns herum existiert.

Weshalb machen wir unser Glück davon abhängig, was wir nicht haben, anstatt unseren Blick darauf zu richten, was uns alles umgibt?

Die Gesellschaft versucht uns einzureden, dass all der Materialismus, den wir mit unserer Lebenszeit bezahlen, am Ende das ist, was uns glücklich macht. In den Medien wird uns suggeriert, dass materieller Reichtum der Schlüssel zum Glück wäre. Und in der Tat kann materieller Luxus zu einem glücklichen

Leben beitragen, jedoch nur dann, wenn dein Fokus nicht auf diesen gerichtet ist und wenn dein inneres Glück nicht davon abhängt, wie viele Besitztümer du dein Eigen nennen kannst. Wenn du das erkennst, wirst du ein unglaubliches Gefühl des inneren Friedens, der Freiheit und der Freude verspüren. Denn in jenem Moment erkennst du, dass alles Glück und aller Reichtum ausschließlich in dir selbst liegt.

Du hast sicherlich einmal dieses Gefühl der schnellen Freude erlebt. Du erhältst zu deinem Geburtstag ein Geschenk, auf das du wochenlang hingefiebert hast und nun hältst du es endlich in deinen Händen. Du freust dich zwar darüber, verspürst aber innerlich nicht das Glücksgefühl, das du dir erhofft und eigentlich erwartet hattest. Es ist ein kurzer Ausstoß von Glückshormonen, der genauso schnell geht, wie er gekommen ist. Hierbei spürst du auch kein tiefes Gefühl der Dankbarkeit.

Das liegt daran, dass du für nichts große Dankbarkeit empfinden kannst, das dich nicht wirklich glücklich macht. Und genau hier kommen wir auch schon zum wichtigsten Punkt: Deine empfundene Dankbarkeit steht im direkten Verhältnis zu deinem Lebensglück.

„Nicht die Glücklichen sind es,
die dankbar sind, sondern die Dankbaren sind es,
die glücklich sind."

Francis Bacon

Versuche nicht erst glücklich zu werden, um dankbar zu sein. Sei dankbar, unabhängig davon, wieviel du besitzt, oder was dir alles widerfahren ist, denn ohne tiefe Dankbarkeit wirst du dieses Glück niemals finden. Suche die Dankbarkeit in den Dingen, die dein Leben wertvoller machen. In all den Dingen und Menschen, die du als selbstverständlich zu deinem Leben zählst.

Den tatsächlichen Wert eines anderen Menschen oder einer gewissen Sache, die Teil deines Lebens war, wirst du erst dann ermessen, wenn sie dir genommen wird. Jeder, der schon einmal den plötzlichen Verlust eines geliebten Menschen miterlebt hat, weiß, wie dankbar und glücklich man wäre, wenn man diesen einen Menschen nur noch einmal lebendig wiedersehen dürfte. Jeder, der dem Tod durch Unfall oder Krankheit nur knapp von der Schippe gesprungen ist, spürt dieses innere Gefühl der Dankbarkeit, noch am Leben sein zu dürfen. Soweit muss es jedoch gar nicht erst kommen, um aufzuwachen. Entscheide dich einfach bewusst dafür, dankbar für all die Dinge zu sein, die dich umgeben und die dir helfen, ein gutes Leben zu leben. Das kann das Bett sein, in das du dich jeden Abend schlafen legst. Das kann die Wohnung sein, die dich vor den äußeren Witterungen schützt. Das kann das Essen sein, das

> Deine empfundene Dankbarkeit steht im direkten Verhältnis zu deinem Lebensglück.

du jeden Tag zu dir nimmst. Das können deine Eltern sein, die dir die Möglichkeit dieses wundervollen Lebens geschenkt haben. Ja, das Leben ist wahrlich ein Geschenk und genauso sollten wir damit umgehen, indem wir dafür Danke sagen. Selbst die Dinge, die wir als „negativ“ beurteilen, sind im Grunde genommen Geschenke, denn sie unterstützen uns schlussendlich dabei uns zu entwickeln und zu verbessern.

Sage jeden Tag Danke

Nimm dir also ab dem 11. Tag vor, regelmäßig ein Gebet der Dankbarkeit auszusprechen. Dafür eignet sich am besten die Zeit kurz vor dem Zubettgehen. Indem du am Ende des Tages deinen Fokus auf die Dinge richtest, für die du Dankbarkeit verspürst, erhöhst du deine Energie und versetzt deinen Körper und Geist in einen glücklicheren Zustand. Du wirst merken, dass, sobald du diese Routine kontinuierlich umsetzt, sich deine Gedanken und Gefühle vermehrt um die Dinge drehen, die dir langfristiges Glück bescheren. Du gehst glücklicher und mit einem Gefühl innerer Zufriedenheit durch deinen Alltag. Mit jedem einzelnen Atemzug erhältst du einen weiteren Lebensmoment. Für jeden Einzelnen dieser Momente darfst du dankbar sein. Sobald du Dankbarkeit nur für dein Sein verspürst, bist du frei von jeglichem materiellen Bestreben, denn du merkst, dass die wahre Fülle in dir und um dich herum existiert.

Das negative Gedankenkarussel

Was tun wir aber in den meisten Fällen, wenn wir uns schlafen legen? Wir schließen die Augen und im gleichen Moment geht die Achterbahn in unserem Kopf los. Unsere Gedanken kreisen für gewöhnlich um den vergangenen Tag oder um den Bevorstehenden. Unser Fokus liegt also nicht im Hier und Jetzt, sondern entweder in der Vergangenheit oder in der Zukunft. Dass man seine Gedanken zu jeder Sekunde unter Kontrolle hat, ist nicht möglich. Doch zu erkennen, dass man denkt und sich dann selbst zurück in die Gegenwart zu bringen, ist bereits ein Fortschritt in unserem Bewusstsein.

Gedanken erzeugen Emotionen und eine Emotion ist nichts anderes als eine bestimmte Energie, die sich in unserem Körper spürbar macht. Sind deine unbewussten Gedanken kurz vor dem Schlafen nun mit Sorge, Kummer, Angst oder Wut behaftet, also negativen Emotionen, nimmst du diese mit in deinen Schlaf und dein Unterbewusstsein speichert diese tief in dir ab.

Anstatt unseren Fokus auf erlebte, negativ empfundene Szenarien zu richten oder ängstlich in die Zukunft zu sehen, fokussieren wir uns stattdessen auf das, wofür wir alles dankbar sein dürfen. Wir entscheiden bewusst, worüber wir nachdenken und kreieren in uns im selben Moment Emotionen der Dankbarkeit und Glückseligkeit. Wenn wir das regelmäßig tun, verankern wir diese Gefühle in unserem

Körper und Geist. Wir gehen mit einem positiveren Mindset durch den Tag und erlauben uns der Dankbarkeit in unserem Leben Ausdruck zu verleihen. Wir ziehen automatisch Dinge in unser Leben, für die wir mehr und mehr Dankbarkeit verspüren und die uns dabei unterstützen, glücklich zu sein.

> Sobald du Dankbarkeit nur für dein Sein verspürst, bist du frei von jeglichem materiellen Bestreben.

Sprich also nun ab dem 11. Tag jeden Abend, kurz vor dem Schlafengehen folgendes Gebet. Du darfst beten, so wie es sich für dich am besten anfühlt. Du darfst deine Hände zum Gebet falten. Du darfst dich am Bett niederknien. Du kannst das Gebet aber auch einfach nur in Gedanken vor dich hinsagen. Wichtig hierbei ist, die Dankbarkeit der gelesenen oder gesprochenen Worte zu spüren. Denn nur, wenn du die Emotion der Dankbarkeit für diese Dinge in dir verankern kannst, wird sich dies langfristig auf dein Befinden auswirken. Du kannst das Gebet, wenn du möchtest, gerne noch weiter ergänzen mit Menschen oder Dingen, für die du speziell „Danke" sagen möchtest. Dies können deine Eltern oder deine Familie sein. Dein Freundeskreis oder bestimmte Erfahrungen, die du in deinem Leben gemacht hast. Nimm dir Zeit und spüre, was sich für dich richtig anfühlt und dann schreibe es auf. Das Gebet findest du auf der folgenden Seite.

DAS GEBET DER DANKBARKEIT

Danke für alle guten Gaben, das Essen und die Getränke.
Danke für meine guten Gedanken, die mir dabei helfen, das Leben positiv zu sehen.
Danke für meine guten Worte, die loben, helfen, trösten und Vergebung sprechen.
Danke für meine guten Werke, die unterstützen, helfen und heilen.
Danke für deine Güte, deinen Frieden und deine Liebe, welche mein Leben immer begleiten.
Danke! Danke! Danke!

Mindzed Tipp #5

Dankbarkeit ist der Schlüssel zu einem glücklichen Leben. Wenn du dir dieser Tatsache bewusst wirst, wird sich dein Leben für immer verändern. Erinnnere dich also: Wann hast du das letzte Mal tiefe Dankbarkeit verspürt? Es gibt so viele Dinge, für die wir dankbar sein können, auch in Momenten, in denen unser Leben nicht so läuft, wie wir es gerne hätten.

WELCHE DINGE, DIE DEIN LEBEN BEREICHERN, SIEHST DU MITTLERWEILE ALS SELBSTVERSTÄNDLICH AN?

NOTIZEN

Kapitel 6

Jetzt wird's ernst!

„Wenn ich aufwache und sehe, dass es schon hell ist, habe ich das Gefühl, dass die Welt ohne mich begonnen hat."

Terri Guillemets

Tag 23 - 33
+ 3. Erfolgsgewohnheit
Täglich um 05:00 Uhr aufstehen

Lasse mich dir eines sagen: Ich bin sehr stolz auf dich, dass du das Buch bis hierher gelesen hast! Unabhängig davon, ob du mit dem Projekt bereits begonnen hast oder nicht. Du gehörst scheinbar zu denjenigen, die es wirklich ernst meinen. Die meisten Menschen lesen ein neu angefangenes Buch gerademal ein paar Seiten, bevor sie es wieder schließen und zur Seite legen. Du jedoch bist bereits bei der dritten Routine angelangt.

Diese Gewohnheit ist eine derjenigen, die für die meisten Menschen am schwierigsten zu etablieren ist. Es ist die, bei der der innere Schweinehund am größten ist, während die Motivation am niedrigsten ist. Dennoch: Hunderttausende der erfolgreichsten Menschen weltweit setzen diese Routine Tag für Tag in ihrem Leben um. Und das aus gutem Grund. Es ist eine der Schlüsselgewohnheiten, die dich und dein Leben auf das nächste Level heben. Hast du diese Erfolgsgewohnheit erst einmal fest in dein Leben integriert, wirst du sehr bald merken, welche positiven Effekte das Frühaufstehen auf dich und dein Leben haben wird.

Ab Tag 21 wirst du also das Ruder des Lebens so richtig an dich reißen. Du wirst deinen Wecker am Abend zuvor auf 05:00 Uhr stellen und sobald dieser ertönt aus dem Bett springen! Ob du nun willst oder nicht. Hierbei ist es sehr wichtig, dass du deiner emotionalen Verfassung keine allzu große Beachtung schenkst. Dann deine Beine aus dem Bett hebst, auf den Boden stellst und dich sofort aufrichtest. Danach stehst du auf, bringst deinen Körper in Bewegung und praktizierst eine Morgenroutine, die diesen Morgen zu etwas Besonderem macht.

Du bist der Chef. Du hast die volle Kontrolle über deinen Körper und Geist.

Vertraue mir. Jetzt, wo du diese Zeilen liest, hört sich dieses Vorhaben leichter an, als du denkst. Doch du solltest dir vergegenwärtigen, dass dein Körper und die neuronalen Verankerungen in deinem Gehirn alles versuchen werden, um dich in deiner Komfortzone zu halten. Denke daran, du bist der Chef. Du hast die volle Kontrolle über deinen Körper und auch über deinen Geist. Lasse nicht zu, dass dein altes und schwächeres „Ich“ das Steuer übernimmt. Bleibe bewusst, bleibe auf der Spur. Du bist viel stärker als dieses innere, ohnmächtige Gefühl, das dich in der Früh umhüllt. Es ist Zeit, aufzustehen und deine Ketten zu sprengen! Die Ketten, die dich am Morgen nicht aus dem Bett aufstehen lassen, sind die Gleichen, die dich auch in allen anderen Dingen zurückhalten. Denn hier stehen wir vor einem der größten Prinzipien des Erfolgs: Zu handeln, obwohl man emotional nicht in Stimmung ist. Die Komfortzone zu verlassen, obwohl man dafür keine sofortige Belohnung erhält.

Dennoch wirst du ein äußerst befriedigendes und mächtiges Gefühl verspüren, sobald du diese Routine in deine tägliche Praxis umgewandelt hast.

> In Wahrheit bist du gar nicht müde, du hast nur noch nicht herausgefunden wofür es sich zum Aufstehen lohnt!

Die ersten Tage mögen hart sein und du wirst mit Sicherheit das Verlangen danach haben, dich wieder ins warme und kuschelige Bett zu legen oder gar nicht erst aufzustehen. Doch wenn du das tust, ergibst du dich deiner alten Version und zeigst ihr, dass du nicht stark genug bist, um dir eine Zukunft aufzubauen, in der du die Kontrolle über dich selbst hast. Du wirst sehr schnell auch in allen anderen Routinen nachlässig und verlässt Schritt für Schritt den Weg des Erfolgs.

Verträume also nicht dein Leben, sondern erlebe deinen Traum, indem du jeden Tag die Handlungen vollziehst, die den Gewinner in dir zum Vorschein bringen! Gewinner legen sich nicht zurück ins Bett, weil sie glauben, müde zu sein. In Wahrheit bist du gar nicht müde. Du hast nur noch nicht herausgefunden, wofür es sich zum Aufstehen lohnt! Gewinner wissen, weshalb sie den Tag in Angriff nehmen. Sie sehen den Tag als neue Chance, sich weiterzuentwickeln und setzen Dinge in die Tat um, die ihr Wachstum fördern. Sie wissen, es sind die Dinge, die außerhalb der eigenen Komfortzone liegen.

Wer sein Leben lang ausschläft,
der schläft sich ins Aus des Lebens

Warum Frühaufsteher werden?

Du hast dir sicher bereits die Frage gestellt, wieso es denn so wichtig sein soll, früher aufzustehen, als es der durchschnittliche Mensch tut? Das beantwortest du dir am besten, indem du dir den vorigen Satz noch einmal durchliest, denn die Lösung der Frage steckt bereits in ihr selbst. Ich frage dich stattdessen etwas anderes. Glaubst du, du bist tatsächlich auf diese Welt gekommen, um ein durchschnittliches Leben zu führen?

Lieber Leser, du bist als Sieger vor Millionen und Abermillionen Konkurrenten auf diese Welt gekommen und möchtest mit diesem Hintergrund nun Durchschnitt sein? Ich glaube, du weißt gar nicht wie besonders du bist und welches Privileg wir Menschen hier von dem Schöpfer erhalten haben, um diese Erfahrungen auf dieser Erde erleben zu dürfen. Wie können wir uns also die Dreistigkeit erlauben, dass wir uns mit diesem Hintergrund auch nur annähernd mit Durchschnittlichkeit zufriedengeben?

Du bist als Sieger vor Millionen Konkurrenten auf diese Welt gekommen und möchtest mit diesem Hintergrund Durchschnitt sein?

Noch mal: Wenn du mehr als der Durchschnitt in deinem Leben erreichen möchtest, musst du bereit sein, auch mehr als der Durchschnitt an dir zu arbeiten. Sprenge deine Komfortzone, wann immer es dir möglich ist, um zu einem Menschen heranzureifen, der in der Lage ist, diese Welt in einen besseren Ort zu verwandeln.

Die Magie der frühen Morgenstunde zieht weltweit Hunderttausende von Menschen in ihren Bann und jeder, der den ernsthaften Entschluss fasst, an seiner persönlichen Weiterentwicklung zu arbeiten, kommt früher oder später an diesem Thema nicht vorbei. Es ist ein ganz eigener Kult geworden Mitglied des 5AM Clubs zu sein. Es gibt wenige Dinge, die man an einem Menschen so sehr schätzt und dem man so viel Anerkennung schenkt, wie jemandem, der bereits zu früher Morgenstunde voller Disziplin bestimmte Erfolgsroutinen praktiziert, die ihn persönlich wachsen lassen.

Zur Thematik des frühen Aufstehens gibt es bereits zahlreiche Weltbestseller. Die zwei interessantesten sind meiner Ansicht nach: „*The 5AM Club*“ von Robin Sharma und „*The Miracle Morning*“ von Hal Elrod. Zwei Bücher, die sich intensiv mit diesem Thema auseinandersetzen. Eine absolute Kaufempfehlung für jeden, der sich noch tiefer in die Materie des Frühaufstehens einlesen möchte.

Die Notwendigkeit des frühen Aufstehens

Wir alle haben jeden Tag volle 24 Stunden zur Verfügung. Davon widmen wir knapp ein Drittel dem Schlaf. Ein weiteres Drittel verbringen wir auf der Arbeit, in der Schule oder in der Uni. Das bedeutet, wir haben ein ganzes weiteres Drittel zur freien Verfügung. Zeit, die wir uns absolut unabhängig gestalten können. Das wäre die Zeit, die wir dazu nutzen könnten, um nebenher ein Geschäft zu betreiben. Wir könnten diese Zeit nutzen, um uns weiterzubilden. Wir könnten die Zeit dazu nutzen, um an unserem körperlichen und psychischen Befinden zu arbeiten. Wir können sie aber auch verschwenden, indem wir Dinge tun, die uns vom „stressigen Alltag" ablenken. Wir begnügen uns mit seichter Unterhaltung aus dem Fernseher. Treffen uns zum Tratsch mit Freunden. Scrollen unbewusst durch soziale Medien und beneiden dann die Menschen, die ihre Träume verwirklichen. Und genau das ist das, was die Allermeisten mit ihrer Zeit anfangen. Wir lassen uns vom Schul-, Uni- oder Arbeitsalltag so sehr vereinnahmen und „stressen", dass wir keine Energie und keinen Elan mehr haben, um am Ende des Tages an den Dingen zu arbeiten, die uns weiterbringen würden. Uns fehlt schlichtweg die Kraft nach den ganzen Impressionen des Tages, uns auch noch zusätzlich darüber Gedanken zu machen, wie wir genau diesem stressigen Alltag entkommen könnten.

Eine kleine Berechnung

Stelle dir nur mal folgendes vor. Angenommen, du fängst um 08:00 Uhr mit deiner Arbeit an. Du benötigst im Durchschnitt 30 Minuten zu deinem Arbeitsplatz und fährst dementsprechend gegen 07:30 Uhr los. Die meisten Menschen stehen ca. eine Stunde vor Arbeitsbeginn auf, erledigen ihre morgendlichen Routinen im Bad, ziehen sich an, essen vielleicht auf die Schnelle noch eine Kleinigkeit und fahren dann hektisch im morgendlichen Berufsverkehr zur Arbeit. Wie viel entspannter könnte dein

Morgen aussehen, wenn du anstatt um 07:00 Uhr bereits um 05:00 Uhr aufstehst?

Einfaches Rechenbeispiel: Angenommen du hättest zwei Stunden „mehr“ pro Tag. Du gehst zwar auch früher als sonst ins Bett, doch ich denke du stimmst mir zu, dass du abends nur noch selten die kreative Motivation aufbringst, um dich deinem Weiterkommen zu widmen. Du hättest also zwei Stunden „mehr“ Zeit für dich. Zwei Zusatz-Stunden pro Tag entsprechen bei einer Sieben-Tage-Woche 14 Stunden. In vier Wochen hättest du 56 zusätzliche Stunden Zeit, die du deinem persönlichen Wachstum widmen kannst. In einem Jahr würdest du dir also 672 Stunden Zeit für dich und deiner Entwicklung nehmen. 672 Stunden entsprechen wiederum 28(!) vollen Tagen. Du hast also pro Jahr fast einen ganzen zusätzlichen Monat zur Verfügung, den du vollständig dir und deiner persönlichen Weiterentwicklung widmen kannst. Mit welchen positiven Routinen du diese Zeit füllen kannst, um an deinem Vorankommen zu arbeiten, zeige ich dir in den kommenden Kapiteln. Allein an diesem Rechenbeispiel siehst du aber, wie mächtig es ist zwei Stunden eher aufzustehen, als du es gewöhnlich tust.

Erschaffe!

Nutze die gewonnene Zeit zum Beispiel indem du etwas kreierst. Gewinner erschaffen etwas in der Zeit, die sie haben. Durchschnittliche Menschen tauschen hingegen ihre Zeit gegen einen Stundenlohn, der sie ihr Leben lang im Hamsterrad gefangen hält.

> Gewinner erschaffen Mehrwert in der Zeit, die ihnen zur Verfügung steht.

Alle Menschen, die es zu großen Erfolgen gebracht haben, haben irgendetwas geschaffen. Den meisten wurde nichts geschenkt. Ihnen ist der Wert der Zeit bewusst, die sie auf dieser Erde zur Verfügung haben und haben den Drang, diese Zeit sinnvoll zu nutzen. Sie wissen, dass ein gesundes Mindset, verbunden mit guten Gewohnheiten, einen Katalysator für ihren Erfolg darstellt. Sie wissen, dass ihre Einstellung und ihre Verhaltensweisen Dinge sind, auf die sie selbst zu jeder Zeit Einfluss nehmen können. Sie machen sich gewisse Gesetzmäßigkeiten, die Ihr Befinden betreffen, zunutze. Ihnen ist bewusst, dass frühes Aufstehen eine Erfolgsroutine ist, die nicht nur förderlich für ihr Wachstum ist, sondern ihnen mehr von dem schenkt, das uns am Ende allen fehlt.

Zeit!

Das Tor zum Unterbewusstsein

Unser Gehirn ist vergleichbar mit der Festplatte eines Computers und gerade am frühen Morgen ist das Tor zu unserem Unterbewusstsein, also der Computersoftware, sperrangelweit geöffnet. Unsere Gehirnwellen schwingen kurz nach dem Aufwachen und kurz vor dem Einschlafen auf der sogenannten Alpha-Frequenz. Diese Alphaschwingung erzeugt in uns einen Zustand der Leichtigkeit und Entspannung.

In diesem Zustand sind wir kreativer, unser Erinnerungsvermögen verbessert sich und wir sind generell mehr mit uns selbst und dem Leben verbunden. Gleichzeitig ist unser Unterbewusstsein, das 95 Prozent dessen ausmacht, wer wir sind und wie wir uns verhalten, empfänglicher und lässt sich leichter (um)programmieren. Wenn wir uns also darüber bewusst werden, dass 95 Prozent unserer Gedanken und Handlungen unbewusste Vorgänge sind, die unserem Unterbewusstsein und nicht unserem Bewusstsein entspringen und wenn wir zudem verstehen, dass wir darauf gezielt Einfluss nehmen können, weshalb sollten wir dann nicht aktiv werden?

Warum tun wir, was wir tun? Warum sagen wir, was wir sagen? Warum verhalten wir uns in gewissen Situationen nicht genau so, wie wir es eigentlich gerne würden? Warum sehen wir uns oftmals kleiner, als wir tatsächlich sind? Entscheiden wir uns bewusst dazu, bestimmte Verhaltensweisen an den Tag zu legen? Weshalb reagieren wir auf verschiedene Situationen oft automatisch und ohne nachzudenken?

95 Prozent unserer täglichen Gedankengänge entspringen aus den tiefen unseres Unterbewusstseins, kombiniert mit äußeren Einflüssen. Das heißt wir sehen zum Beispiel etwas in unserer Umgebung und das bringt uns wiederum auf einen bestimmten Gedanken. Das Gesehene ordnen und kategorisieren wir dann alle unterschiedlich ein. Nämlich so, wie wir selbst programmiert sind. Wir sehen die Welt nicht so, wie sie tatsächlich ist, sondern wir sehen die Welt so, wie wir sind. Wie wir die Welt wiederum sehen, hängt maßgeblich davon ab, welche Erfahrungen wir in der Vergangenheit in uns abgespeichert haben und mit welchen äußeren Einflüssen wir konfrontiert wurden.

> Wir sehen die Welt nicht so wie sie tatsächlich ist, sondern so, wie wir sind.

Unser Gehirn speichert permanent Daten ab. Du kannst dir das Ganze wie eine riesige Festplatte vorstellen, die alles aufzeichnet, was sie durch ihre fünf Sinne übermittelt bekommt. Alles, was wir in unserer Kindheit erleben und wahrnehmen formt unsere Realität und bildet unsere Sicht der Dinge. Vor allem Aussagen und Verhaltensweisen unserer Eltern adaptieren wir meist ohne zu hinterfragen, ob es richtig oder falsch ist. Unsere Eltern sind in unseren jungen Jahren die wichtigsten Bezugspunkte und alles, was sie sagen und tun, akzeptieren wir vorbehaltlos als Wahrheit. Wir sind in dieser Zeit wie ein Schwamm, der alles aufsaugt, mit dem er in Kontakt gerät.

Des Weiteren lernt unser Unterbewusstsein durch Wiederholung. Wenn wir also regelmäßige Aussagen von unseren Eltern gehört haben, wie zum Beispiel: „Schrei nicht so rum." oder „Du kannst das nicht." oder „Du bist noch zu klein dafür.", dann werden diese Aussagen wiederum ein Teil unserer Denkmuster und Glaubenssätze. Selbst im hohen Alter ist es möglich, dass du deshalb in gewissen Situationen immer noch das Gefühl hast, dass du für eine bestimmte Sache, die du gerne umsetzen wollen würdest, „zu klein" bist oder dass du „das nicht kannst" und schon lässt du diesen Gedanken wieder unbewusst fallen.

Alles, was wir als Erwachsene tun und wie wir uns verhalten, hat zwangsläufig damit zu tun, was wir in unserer Kindheit und in unserer Vergangenheit erlebt haben und was wir in uns abgespeichert haben. Hierbei ist gerade in den ersten sieben Jahren die Programmierung unseres Geistes am intensivsten. In dieser Zeit schwingen unsere Gehirnwellen dauerhaft, wie kurz vor dem Einschlafen und kurz nach dem Aufwachen auf der Alpha-Frequenz. Das heißt, als Kind hinterfragen wir nichts und akzeptieren fast alles als Wahrheit. Aus diesem Grund funktioniert auch die Geschichte vom Christkind, vom Weihnachtsmann oder vom Osterhasen so gut, denn wenn Mama und Papa das sagt, muss das ja wahr sein.

Unter anderem bildet sich so auch unser **Selbstbild**, auf das wir später noch genauer eingehen. Wie bereits beschrieben sehen wir die Welt durch einen Filter, den wir uns jahrelang erschaffen haben. Wir sehen das, was wir auf Grundlage unserer Glaubenssätze sehen wollen und nicht das, was tatsächlich geschieht.

Programmiere dich neu

Alles, was du in deinem Leben gerne verbessern möchtest, steht und fällt also mit welchen Programmen du durch dein Leben gehst. Das Programm, das in deiner Hardware, sprich in deinem Gehirn und deinem Körper installiert ist, ist jedoch nichts, was nicht verändert oder optimiert werden könnte. Du wirst in den folgenden Kapiteln weitere Maßnahmen erfahren, wie du gezielt Einfluss darauf nehmen kannst, um mit einer optimierten Geisteshaltung dein Leben zu gestalten.

Wir sind, was wir denken. Unsere Gefühle entspringen aus unseren Gedanken. Kreisen sich unsere Gedanken überwiegend um negative Dinge, Sorgen und Ängste, verankern sich diese in unserem Körper. Wir handeln dann nach unseren Emotionen. Und sicher stimmst du mir bei der folgenden Aussage zu:

Negative Gedanken erschaffen
negative Emotionen.
Negative Emotionen erschaffen
negative Handlungen.
Negative Handlungen erschaffen
negative Erfahrungen.
Negative Erfahrungen erschaffen
negative Emotionen.
Negative Emotionen erschaffen
negative Gedanken.
Und so weiter.

Verstehst du nun, welcher Teufelskreis sich hinter all dem verbirgt? Wenn wir uns dieser Tatsache nicht bewusstwerden und nicht gezielt Einfluss auf unser Befinden nehmen, leben wir ein Leben, das von all diesen Faktoren gesteuert wird. Wir treiben dann wie ein Blatt im Wind umher und reagieren auf die Umstände, anstatt gezielte Maßnahmen umzusetzen und in Aktion zu treten.

Wenn du nun also regelmäßig um 05:00 Uhr aufstehst und in dieser Zeit aktiv Einfluss auf dein Unterbewusssein nimmst, wirst du dich langfristig in einen selbstbewussteren, positiveren und aktiveren Menschen verwandeln. Meide es deshalb in dieser Zeit den Fernseher anzuschalten. Lass dein Handy die erste Zeit des Tages aus. Meide alles, was dich ablenken und was dich in irgendeiner Form negativ beeinflussen könnte. Praktiziere stattdessen konstant eine der kommenden Erfolgsgewohnheiten und bleibe im Moment.

Stille

Ein weiterer Grund um früher in den Tag zu starten als der Durchschnitt es tut, ist, dass am frühen Morgen eine angenehme Stille um dich herum herrscht. Eine Stille, der du mit deiner Achtsamkeit die Tür öffnest. Eine Stille, die deinen Körper und Geist auf sanfte Art und Weise beruhigt. Während der Rest der Welt hektisch, verschlafen und auf Autopilot zur Arbeit hetzt, startest du mit einer viel größeren Entspannung in den Tag. Ist dir schon mal aufgefallen, dass dein Tag meist in der Art verläuft, wie du ihn gestartet hast? Der Spruch „mit dem verkehrten Bein aufgestanden zu sein“ existiert nicht grundlos. Wie du aber deinen Tag beginnst entscheidest nur du allein.

Nutze deshalb die stille Zeit, um deinen Geist auf Erfolg zu programmieren. Wie ich bereits beschrieben habe, ist es nicht sinnvoll, mehrere Gewohnheiten auf einmal in dein Leben zu etablieren. Deswegen obliegt es die nächsten elf Tage völlig dir, wie du die ersten Stunden deines Morgens für dich nutzt. Du könntest ein gutes Buch zur Hand nehmen und ein paar Seiten darin lesen. Du könntest dir ein paar Dinge aufschreiben, für die du dankbar bist. Du könntest Ziele visualisieren, die du in deinem Leben erreichen möchtest. Du könntest aber auch einfach nur dasitzen, eine Tasse Tee trinken und die Stille genießen. Mache einen Spaziergang an der frischen Luft. Du wirst verblüfft sein, welch wohltuende Atmosphäre der frühe Morgen in der Natur mit sich bringt. Tue, was immer sich für dich richtig anfühlt und frag dich bei all deinen Handlungen: Hat das, was ich gerade tue, positive Auswirkungen auf meinen Körper und Geist? Hat sich das frühe Aufstehen dafür gelohnt? Bin ich voll bewusst bei mir oder bin ich in Gedanken versunken und emotional außer Kontrolle?

Stillstand oder Wachstum?

Mal ehrlich, kommt dir eine der folgenden Aussagen bekannt vor? „Ich bin einfach kein Frühaufsteher.“, „Ich würde ja gern früher aufstehen, aber ich komme einfach nicht aus dem Bett.“, „Frühaufstehen ist einfach nichts für mich.“, „Ich schlafe doch so gern.“, „Der frühe Vogel kann mich mal.“, „Ich bin so ein Morgenmuffel.“ usw. Erkennst du dich in einer dieser Aussagen eventuell wieder? Ich mich schon. Also, das habe ich, als ich noch kein Frühaufsteher war. Doch was passiert hier?

Menschen, die solche Aussagen treffen, sehen sich selbst so, als läge das frühe Aufstehen nicht in ihrer DNA. Sie selbst können also nichts dafür, denn sie sind ja so wie sie sind. Und so wie sie sind, ist nicht veränderbar. Das wiederum ist eine sehr begrenzte Sichtweise, denn sie geben damit die Verantwortung über sich selbst und ihre Entscheidungen komplett ab. Die „Schuld" liegt dann nicht mehr an ihnen, sondern daran, dass sie ja so sind wie sie sind. Menschen, die sich selbst so sehen, denken und handeln nach dem sogenannten *„Fixed-Mindset"*. Also einer inneren Einstellung gegenüber sich selbst, die fix ist und nicht wachstumsorientiert.

Sie glauben, dass die eigene Persönlichkeit mit all ihren Ecken und Kanten, nicht veränderbar ist. Mit diesem Bewusstsein lebt es sich sehr bequem, da man die Verantwortung über sich selbst und über alles, was man im Leben erreicht oder eben auch nicht erreicht, immer mit der Aussage „Ich bin halt so." entschuldigen kann. Sie streben nicht danach, sich zu verbessern und geben allem und jedem die Schuld, nur nicht sich selbst.

Auf der anderen Seite gibt es Menschen, die nach neuem Wissen dursten und nach Verbesserungen streben. Sie glauben, dass sie für Größeres bestimmt sind und dass mehr Potenzial in ihnen liegt, als sie momentan nach außen tragen. Dieses Potenzial gilt es zu entfalten. Sie übernehmen volle Verantwortung für ihr Dasein und treffen ihre Entscheidungen selbst. Es sind Menschen, die oft unternehmerisches Denken an den Tag legen, die Welt verbessern möchten, Führungspositionen anstreben und häufig eine andere Meinung haben,

Entscheide dich für ein Leben mit dem Growth Mindset!

als der Rest der Welt. Sie stehen hinter dem was sie sagen und lassen sich nicht verbiegen. Sie lernen regelmäßig Neues und investieren ihre Zeit in ihr Wachstum. Diese Menschen sind im Besitz eines *„Growth-Mindset."*

Hinterfrage an dieser Stelle einmal deine innere Einstellung zu den Dingen, die du bisher erreicht hast. Wenn das Resultate sind, die nicht das widerspiegeln, was du dir für dein Leben wünschst, ist es vielleicht an der Zeit zu erkennen, dass du vermutlich noch nicht auf dem richtigen Weg bist. Lege also deine selbstbeschränkenden Glaubenssätze über dich und dein Leben immer weiter ab und entscheide dich bewusst dafür, dein Leben mit einem *„Growth-Mindset"* zu leben. Hole dir immer wieder ins Bewusstsein, dass du dich in jeder Lebenslage verbessern und entwickeln kannst. Egal wie erfolgreich du zum momentanen Zeitpunkt bist, oder nicht bist. Dein Wachstum auf dieser Welt kennt keine Grenzen.

Werde deshalb zum Frühaufsteher und verfolge deine morgendlichen Erfolgsroutinen, um jenes Wachstum in Gang zu setzen. Mit der Zeit, die du nun täglich mehr dafür zur Verfügung hast, wird es dir möglich sein, dein grenzenloses Potenzial immer weiter zu entfalten.

6 Tipps wie du einfacher aus dem Bett kommst… (…und dich nicht wieder hinlegst)

Die meisten Menschen leben ihr Leben mit der inneren Einstellung, dass die äußeren Umstände ausschlaggebend dafür sind, welches Leben sie leben und zu welcher Person sie werden. Wie du bereits erkannt hast, ist das jedoch eine Fehleinschätzung, denn damit entschuldigt man nur sein eigenes Versagen und die eigene Unsicherheit gegenüber der wahren Stärke, die in jedem von uns liegt. Das ist auch der Grund, weshalb die meisten im frühen Aufstehen keinen allzu großen Sinn sehen und lieber „ausschlafen“ als den Morgen zu nutzen. Sie bleiben lieber liegen und ergeben sich ihrem Drang zu schlafen und verharren in ihrer Traumwelt anstatt das Leben in die Hand zu nehmen und Dinge zu verändern und voranzutreiben.

Nun ist es nicht verwunderlich, dass es den meisten Menschen deshalb enorme Schwierigkeiten bereitet, ihre Gewohnheit des „Ausschlafens“ zu brechen, um sich freiwillig und sehr viel früher als sonst aus dem Bett zu erheben und in den Tag zu starten. Wenn in dieser Situation nun kein unbändiger Drang zur Verbesserung vorhanden ist oder die Willensstärke noch nicht ausreicht, um diese Veränderungen umzusetzen, dann ist die Wahrscheinlichkeit groß, dass dein Bett gewinnt und du verlierst. Um das zu verhindern, zeige ich dir nun einige Dinge, die du umsetzen kannst, wenn das Früh-Aufstehen für dich noch eher eine negative Belastung als eine hilfreiche Routine darstellt. Denke daran, Veränderungen bedeuten Schmerz. Schmerz bedeutet Wachstum. Wachstum bedeutet Verbesserung in allen Bereichen. Diese Verbesserungen führen zu mehr Frieden, Glück und Erfolg in dir und deinem Leben.

1. Lege deinen Wecker weit genug weg ✓
2. Putze dir die Zähne ✓
3. Bringe deinen Körper in Schwung ✓
4. Bereite dir eine Belohnung vor ✓
5. Trainiere das Aufstehen ✓
6. Visualisiere das Aufstehen ✓

1. Lege deinen Wecker weit genug weg

Viele Menschen haben die Angewohnheit, sich abends ins Bett zu legen und noch eine Weile mit dem Handy zu spielen, durch Facebook zu scrollen oder irgendwelche Nachrichten auf Whatsapp zu beantworten. Sind sie damit fertig, stellen sie ihren Wecker und legen das Handy neben sich auf den Nachttisch. Am nächsten Morgen, wenn der Wecker klingelt, greifen sie, kaum bei Bewusstsein, mit ihrer Hand Richtung Wecker und drücken die Schlummer-Taste. Diese Szenerie wiederholt sich nun in den nächsten 10 – 30 Minuten einige male, bis sie endlich genug Willen aufgebracht haben, aufzustehen und sich dem Tag zu stellen. Mal ganz im Ernst. Wie sollst du es mit einem derartigen Ablauf schaffen, um 05:00 Uhr wirklich aufzustehen und optimistisch in den Tag zu starten? Mal ganz abgesehen davon, dass sich die Handy-strahlung auf Höhe deines Kopfes sehr negativ auf deinen Schlaf und deine Gesundheit auswirken kann.

Lasse uns deshalb bitte Folgendes tun: Indem du deinen Wecker am anderen Ende des Raumes oder noch besser, in ein anderes Zimmer legst (natürlich so, dass du ihn in der Früh klingeln hörst), bist du gezwungen aufzustehen und umgehst damit die Angewohnheit des „Schlummerns“. Herzlichen Glückwunsch, das ist der erste Schritt. Das Aufstehen an sich ist geschafft!

Vermutlich hält sich deine Euphorie an dieser Stelle aber noch in Grenzen, denn dein Körper und dein Verstand werden dir nun signalisieren, dass das, was du gerade tust, absolut gar keinen Sinn ergibt. Er wird dir versuchen einzureden, dass du dich gerade meilenweit außerhalb der „Normalität" aufhältst. Er beginnt dich davon zu überzeugen, dass du dich doch nur noch mal kurz fünf Minuten hinlegen könntest und dann aber auch gleich wieder aufstehst (Was, und da sind wir uns glaube ich beide einig, natürlich so nicht passieren wird). Es ist aber auch gut möglich, dass er dich dazu überredet, dein Vorhaben gänzlich bleiben zu lassen, weil „dieses frühe Aufstehen einfach nichts für dich ist".

Wer wird an dieser Stelle den Kampf gewinnen? Du, der sich noch am Vorabend voller Motivation vorgenommen hat, in der Früh aufzustehen? Oder du, der in der Früh plötzlich zu einem anderen Menschen geworden ist, der es mit seinen Zielen plötzlich doch nicht mehr ganz so ernst nimmt?

Denke daran:

Kurzfristige Freuden erzeugen …?

Kurzfristige Schmerzen erzeugen …?

Wenn du also nun gegen dein schwächeres „Ich" verlierst und dich an dieser Stelle wieder zurück in dein Bett legst, verankerst du bereits eine neue Gewohnheit. Und zwar die, dich nach dem Aufstehen wieder hinzulegen. Wieso solltest du das tun, wenn du sowieso schon stehst? Sich erneut aus dem Bett zu erheben, ist mit weit aus mehr Energie verbunden, als einfach stehen zu bleiben.

Wenn du deinen Wecker also weit genug weglegst, sodass du dazu gezwungen bist aufzustehen, wirst du mit einer höheren Wahrscheinlichkeit auch gleich stehen bleiben. Rufe dir also sofort nach dem Aufstehen in Erinnerung, aus welchem Grund du überhaupt aufgestanden bist. Du machst das ja nicht aus Langeweile. Du machst das, weil du dich zur besten Version weiterentwickeln möchtest, die du nur sein kannst! *Das sollte es dir allemal wert sein!*

Rufe dir auch in Erinnerung, dass die Gedanken und Gefühle, die dich gerade davon überzeugen wollen, dass du dich wieder hinlegst, nicht von dir selbst stammen. Das sind alles Teile deines alten „Ichs". Diese alte Version von dir war es gewohnt auszuschlafen, unzählige male auf Schlummern zu drücken und dem neuen Tag so lange aus dem Weg zu gehen, wie es nur ging. Vor allem aber sind es noch alte Programmierungen aus deinem Unterbewusstsein, die du dir jahrelang in dein Gehirn gebrannt hast.

Gehe also, nachdem du aufgestanden bist, den Wecker ausgestellt hast und dich dafür entschieden hast, deine Morgenroutine zu praktizieren, über zum zweiten Schritt. Vertraue mir, die Müdigkeit, die du in diesem Moment noch spürst, wird mit der Zeit mehr und mehr schwinden, je länger du auf den

Beinen bist und deiner neuen morgendlichen Routine nachgehst.

2. Putze dir die Zähne

Ich weiß, dieser Ratschlag klingt etwas subtil. Doch machen wir uns kurz bewusst, weshalb dich gerade das Zähneputzen beim Wachwerden unterstützen kann. Das Zähneputzen ist eine Routine, die man bereits früh in der Kindheit beigebracht bekommt. Es ist also eine Gewohnheit, die du dir dein komplettes Leben lang fest verankert hast. Durch die tausendfache Wiederholung benötigt dein Gehirn deshalb für die Umsetzung enorm wenig Energie.

Wie wir bereits gelernt haben, kann man das auch als festgetretenen neuronalen Pfad bezeichnen. Achte beim nächsten Zähneputzen darauf, wie leicht, unbeschwert und vor allem mit welchem Bewegungsablauf du deine Hand beim Putzen deiner Zähne bewegst. Sind dir diese Bewegungen vertraut? Ist die Reihenfolge ungefähr die gleiche, wie den Tag zu vor? Entspricht auch die Dauer des Putzens ungefähr der Zeit vom Vortag? Vermutlich hast du dir selten solche Gedanken über eine derart simple und automatisierte Tätigkeit gemacht.

Das, was hier abläuft, ist ein automatisiertes Programm und der Grund, weshalb dir das so leichtfällt, liegt darin, dass unser Gehirn immer versucht, so wenig Energie für etwas aufzubringen, wie nur möglich. Durch die jahrelange Wiederholung dieser

Tätigkeit hat sich dieser Prozess fest verdrahtet. Doch was passiert, wenn du anstatt der gewohnten Hand, auf einmal die Andere zum Putzen benutzt? Probiere es abends einmal aus und du wirst feststellen, wie kompliziert diese eigentlich bekannte Tätigkeit sein kann. Ein Ablauf, den du tausende Male wiederholt hast, wird nun zu einer fast unüberwindbaren Aufgabe und erfordert Unmengen an Konzentration. Einzig und allein dadurch, dass wir anstatt der Gewohnten, die andere Hand benutzen.

Was man an dieser Stelle verstehen sollte ist folgendes: Führe nach dem Aufstehen nur Handlungen aus, die nicht allzu viel Energie von dir und deinem Körper abverlangen. Alles, was mehr Energie erfordert als nötig, bedeutet Stress und empfindet dein Verstand als „negativ". „Negative" Gedanken und Emotionen können wir nach dem Aufstehen jedoch nicht brauchen.

Gehe deshalb deiner routinierten Vorgehensweise im Bad nach. Damit bewegst du deinen Körper mit sehr geringem Energieverbrauch und du wirst merken, wie dir diese bekannten Bewegungsabläufe langsam beim Wachwerden helfen. Hast du deine Routine im Bad beendet, dann gehe über zum nächsten Schritt.

3. Bringe deinen Körper in Schwung

Nachdem du nun schon einige Minuten wach bist und dein Körper so langsam versteht, dass du es ernst meinst, beginne ihn nun etwas mehr zu bewegen. Fange mit leichten Dehnübungen an und achte darauf, was dabei in dir vorgeht. Versuche bewusst im Moment zu bleiben und erzeuge Gedanken der Dankbarkeit und der freudigen Zuversicht auf den vor dir liegenden Tag. Empfehlenswert sind hier auch verschiedene Bewegungsabläufe aus dem asiatischen Qigong oder auch Yoga zu praktizieren. Hier gibt es viele hilfreiche Videos auf Youtube zur Anleitung.

Mache das für ein paar Minuten und bringe danach Schwung in deinen Morgen. Mache für ein bis zwei Minuten Hampelmänner oder laufe auf der Stelle. So erhöhst du deinen Puls und das Blut in deinem Kreislauf beginnt zu zirkulieren. Zeitgleich lässt du vermehrt Sauerstoff in dich hineinströmen, der dich wiederum dabei unterstützt immer wacher zu werden.

Überanstrenge dich an dieser Stelle jedoch bitte nicht. Es ist nicht förderlich, mit einem kräftezehrendem Fitness Programm in den Tag zu starten, wenn du gerade dabei bist, dir eine Routine des frühen Aufstehens anzueignen.

Deine Morgenroutine soll mit positiven Dingen verknüpft werden und es soll deinem Verstand signalisieren, dass gute Erfahrungen auf ihn warten. Ein anstrengendes Training produziert hingegen vermehrt Stress und diesen möchten wir beim Aufstehen auf alle Fälle vermeiden.

4. Gönne dir eine Belohnung

Unser Gehirn liebt Belohnungen. Wir lieben es gelobt zu werden und wir lieben es uns selbst zu belohnen, wenn wir etwas erreicht haben. Gerade wenn es darum geht neue Gewohnheiten zu etablieren, sind Belohnungen äußerst wirkungsvolle Verstärker. Sie verknüpfen eine neue Routine mit positiven Gefühlen. Dadurch verbindet man den neuen neuronalen Pfad des frühen Aufstehens mit einer freudvollen Erfahrung.

Dies könnte zum Beispiel eine heiße Tasse Kaffee sein. Es könnte auch ein leckerer Smoothie sein, den du dir am Tag zuvor vorbereitet hast. Vielleicht aber auch ein kleines Stück deiner Lieblingsschokolade. Wir reden hier aber wirklich nur von einem kleinen Stück. Keine ganze Tafel. Es geht hierbei um den Sinn und nicht um das Schlemmen. Egal wie, belohne dich auf deine Weise für diese Anstrengung und sei stolz auf dich!

5. Trainiere das Aufstehen

Dieser Punkt mag jetzt vielleicht etwas kurios klingen, doch es ist möglich, das Frühaufstehen zu trainieren. So wie du im Fitnessstudio zum Beispiel deinen Bizeps trainierst, so kannst du auch deinen „Frühaufsteher-Muskel" trainieren.

Stelle dir hierfür einen Timer auf eine Minute. Danach legst du das Handy an den Ort, an den du es üblicherweise legst, wenn du aufstehst. Wichtig hierbei ist, dass der Alarmton des Timers, exakt derselbe ist, wie der deines Weckers, der am Morgen klingelt. Danach legst du dich für eine Minute in dein Bett und schließt deine Augen. Nun warte, bis der Alarm ertönt. In dem Augenblick, in dem der Ton erklingt, richtest du dich auf, stehst aus dem Bett auf, gehst zu dem Handy und stellst den Timer aus. Genau das Gleiche tust du jetzt weitere fünf bis zehn Mal. Ja, ich weiß, du kommst dir hierbei vielleicht etwas blöd vor. Aber glaub mir, diese Übung wird dir das frühe Aufstehen sehr viel leichter machen.

Es ist wichtig, dass wir unser Gehirn so konditionieren, dass wir, wenn der Wecker klingelt, eine automatisierte Handlung vollziehen und uns nicht nach unseren Emotionen richten. Dein Verstand und dein Körper wissen nämlich ganz genau, wie sie zu reagieren haben, wenn es ums Aufstehen geht. Und wenn du in der Vergangenheit nicht voller Elan und guter Zuversicht aus dem Bett gesprungen bist, sondern der erste Griff Richtung „Schlummer-Taste“ gewandert ist, wird dir dein Körper auch in den nächsten Tagen vorerst keine andere Reaktion auf den Wecker signalisieren. Für deinen Verstand ist schlichtweg noch kein festgetretener neuronaler Pfad vorhanden, auf den er zurückgreifen könnte.

Um die neue Routine so schnell wie möglich in deinem Gehirn zu verankern, solltest du diese Übung am besten täglich einige Male machen. Du wirst sehen, wie dir das Aufstehen dadurch mit jedem Tag leichter fällt.

6. Visualisiere das frühe Aufstehen

Stelle dir bitte folgendes Szenario bildlich vor: Du gehst in die Küche, öffnest eine Schublade mit deinem Besteck und nimmst ein scharfes Messer heraus. Nun gehst du zu deinem Obstkorb und nimmst dir eine gelbe, saftige Zitrone. Nun schneidest du diese Zitrone mit dem Messer in zwei Hälften. Du siehst, wie beim Schneiden bereits der Saft aus der Zitrone gepresst wird und der saure Geruch steigt hierbei in deine Nase. Jetzt nimmst du dir die eine Hälfte der Zitrone, öffnest deinen Mund, presst den sauren Saft der Zitrone aus und lässt diesen ganz langsam in deinen Mund träufeln.

Stopp! Was genau ist hier passiert? Hast du das gerade bemerkt? Ist dir soeben aufgefallen, dass dein Körper, als du dir das durchgelesen und bildlich vorgestellt hast, von ganz allein vermehrt Speichel produziert hat? Hast du vielleicht sogar den sauren Geschmack der Zitrone auf der Zunge geschmeckt?

Obwohl diese Vorstellung ausschließlich in deinem Kopf stattgefunden hat, hast du damit in der Realität eine Konsequenz erzeugt. Einzig und allein aus deiner Vorstellungskraft heraus hast du es geschafft, ein materielles Resultat zu erzeugen. Bist du dir bewusst, was das bedeutet? Wir reden hier von der unglaublichen Macht deiner Gedanken. Du hast dir in deinem Inneren ein Bild visualisiert, das in deinem Äußeren einen Effekt erzeugt hat.

Wir können mit der Kraft unserer Gedanken Einfluss auf biologische Abläufe in unserem Körper nehmen.

Wir können also mit der Kraft unserer Gedanken Einfluss auf biologische Abläufe innerhalb unseres Körpers nehmen. Ergibt sich daraus dann nicht auch, dass wir mit genau derselben Kraft dafür sorgen können, mit welcher Energie wir in der Früh aufstehen und wach werden?

Reden wir uns beispielsweise am Abend ein, dass uns das frühe Aufstehen schwerfällt und visualisieren wir uns diesen schwerfälligen Akt dann auch noch, was glaubst du, wie du in der Früh dementsprechend aufwachst?

Der Akt der Visualisierung hat äußerst erstaunliche Auswirkungen darauf, wie du dich verhältst, denn dein Gehirn weiß zu keinem Zeitpunkt, ob etwas reine Vorstellung oder pure Realität ist. Das bedeutet, dass du mit jeder positiven Visualisierung dafür sorgst, dass sich die gewünschte neuronale Verankerung noch besser in deinem Gehirn festigt. Auf den Prozess der Visualisierung gehen wir in einem späteren Kapitel noch genauer ein. Doch nutze diese Kraft der bildlichen Vorstellung bereits jetzt, indem du dir am besten vor dem Einschlafen, immer wieder visualisierst, dass du ganz leicht und voller Energie um 05:00 Uhr aus dem Bett springst. Versuche dabei die entsprechend zugehörige Emotion in dir zu erzeugen, damit du zusätzlich die biochemische Reaktion in deinem Körper verankerst.

Indem du das Aufstehen in deiner Realität übst, gleichzeitig visualisierst und dann danach handelst, fixierst du diesen Akt in dein Leben und lässt ihn sehr schnell zu einer automatisierten Erfolgsgewohnheit werden.

Mindzed Tipp #6

Um dich an das Thema des frühen Aufstehens zu gewöhnen, kann es sinnvoll sein, wenn du vorerst nur wenige Minuten eher aufstehst, als sonst. Wenn du zum Beispiel aktuell um 07:00 aufstehst, stehe Morgen zunächst um 06:45 Uhr auf. Am nächsten Tag dann 06:30 Uhr. Dann um 06:15 Uhr usw.

WAS KANNST DU IN DER FRÜH FÜR DICH TUN, UM DEINEN MORGEN ZU ETWAS GANZ BESONDEREM ZU MACHEN?

NOTIZEN

Kapitel 7

Es wird nicht einfacher, du wirst besser!

„Lesen ist Denken mit fremden Gehirn."

Jorge Luis Borges

Tag 34 – 44
+ 4. Erfolgsgewohnheit
Täglich lesen

Wow. Ich hoffe du hast dir das Zitat von Jorge Luis Borges gerade angestrichen und markiert, denn dieser Satz hat einen unglaublichen Wert, wenn du ihn wirklich verstanden hast. Die Gewohnheit des täglichen Lesens ermöglicht es dir demnach jeden Tag auf die Gedanken der erfolgreichsten und inspirierendsten Menschen der Welt zuzugreifen. Da wir bereits gelernt haben, dass unser Schicksal von unseren Gedanken abhängt, wären wir gut beraten, uns jenen Gedanken zu widmen, die diese Menschen in kompakter Form für uns niedergeschrieben haben.

Warum lesen?

Der deutsche Bundesbürger hat im Schnitt jeden Tag ca. vier Stunden freie Zeit zur Verfügung. Genauer gesagt drei Stunden und 56 Minuten. Davon verbringt er drei Stunden und 41 Minuten im Durchschnitt mit Fernsehen. Die mit Abstand liebste Beschäftigung der Menschen in Deutschland, ist es also Fernseh zu schauen. Eine Gewohnheit, bzw. Tätigkeit mit der wir uns am Ende des Buches nochmal genauer auseinandersetzen. Im Gegensatz zum Fernsehen steht hier das Lesen im klaren Abseits, denn gerademal 32 Prozent der Deutschen lesen ein Mal pro Woche in einem Buch.

Wusstest du, dass die erfolgreichsten Menschen der Welt hingegen meist im Besitz der größten privaten Bibliotheken sind und zwischen 20 bis 30 Bücher pro Jahr lesen? Ganz recht. 20 bis 30 Bücher entsprechen zwei bis drei Büchern im Monat. Während es der Großteil der Deutschen, die regelmäßig lesen, durchschnittlich auf maximal zehn Bücher pro Jahr, also weniger als ein Buch pro Monat bringen.

Beginne zu lesen!

Kannst du dir vorstellen, dass es Auswirkungen auf dich, deine Gedanken und damit auf dein Leben und deine Zukunft hat, ob du dich zu den

Menschen zählst, die selten bis gar keine Bücher in die Hand nehmen oder ob du dich zu denjenigen zählst, die jeden Tag lesen?

Kannst du dir vorstellen, dass du mit neuen Erkenntnissen und neuem Wissen, künftig andere Entscheidungen treffen wirst, die wiederum Auswirkungen auf deinen Lebensweg haben werden? Die Statistiken und Fakten sprechen hier eine deutliche Sprache!

Ich stelle dir jetzt eine ernst gemeinte Frage und ich möchte, dass du dir diese Frage im Geiste ehrlich beantwortest. Möchtest du in deinem Leben erfolgreich und glücklich sein? Möchtest du ein Leben führen, auf das du dich jeden Morgen freust, wenn du aufstehst?

Möchtest du gute Beziehungen, Glück, Harmonie und Wohlstand als Selbstverständlichkeit in deinem Leben Willkommen heißen?

Dann beginne Dinge zu tun, die erfolgreiche Menschen tun. Dadurch, dass du dieses Buch bis hierher gelesen hast, hast du bereits wertvolle Ideen und Impulse erhalten, die dir auf deinem Weg weiterhelfen können. Du siehst also, dass es durchaus Sinn machen kann, sich das Lesen als lebenslange Gewohnheit anzueignen.

„Was soll ich lesen?"

Wenn wir von nun an vom „Lesen" sprechen ist nicht das Lesen von Krimis, Thrillern, Erotik- oder

Fantasy-Romanen gemeint. Genausowenig ist hier die Rede vom Lesen diverser Klatsch-Zeitschriften oder Tageszeitungen.

Vielmehr ist das Lesen von Büchern gemeint, die du in der Buchhandlung unter der Kategorie Esoterik, Selbsthilfe, Motivation, Lebenshilfe, Ratgeber und Spiritualität etc. findest. Also Bücher, die deinen Horizont erweitern und die deinen Geist mit positiven Inhalten bereichern. Bücher, die dich inspirieren, die dich verbessern und die dich zu einem glücklicheren, disziplinierteren und zu einem Menschen machen, der mit mehr Motivation durch sein Leben geht. Bücher aus diesen Kategorien gibt es mittlerweile wie Sand am Meer, doch leider wird ihnen von der Masse der Menschen noch immer viel zu wenig Beachtung geschenkt. Häufig ist es so, dass Menschen erst dann zum Lesen anfangen und zu einem solchen Buch greifen, wenn sie in ihrem Leben bereits feststecken oder wenn sie gewisse Hürden zu überwinden haben. Hürden, die womöglich gar nicht erst entstanden wären, wenn sie dieses Wissen schon früher gehabt hätten. Heutzutage gibt es zu jedem beliebigen Thema unseres Lebens unzählige Bücher, die uns hochwertigstes, geistiges Kapital vermitteln. Uns stehen also geballte Informationen zu so ziemlich allen Herausforderungen und aus allen Bereichen unseres Lebens zur Verfügung. Es liegt nur an uns, auf diese kostbaren Informationen zuzugreifen.

Was passiert beim Lesen?

Auch hier ist wichtig zu verstehen, was wir beim Lesen eigentlich genau tun und weshalb es einen solch positiven Mehrwert mit sich bringt.

Wie bereits beschrieben, ist in Büchern Wissen in Form der Gedanken anderer Menschen verpackt. Dieses Wissen ist nichts Anderes als eine gebündelte Information, die jemand niedergeschrieben hat, um sie anderen Menschen in kompakter Form zugänglich zu machen. Wenn du beispielsweise Biographien oder Ratgeber der erfolgreichsten oder einflussreichsten Menschen der Welt liest, bist du wortwörtlich in der Lage deren Gedanken zu lesen. Dein Gehirn nimmt somit die Gedanken dieser Menschen auf und speichert sie in dir ab. Diese neue Information wird dann ein Teil von dir. Je mehr du dich damit beschäftigst, desto mehr begeistert und inspiriert es dich und desto eher bist du auch in der Lage gewisse Handlungen zu vollziehen, die dich wiederum ein Stück weiter in die für dich richtige Richtung bewegen.

Die Welt braucht die Art von Bildung, durch die der Charakter geformt wird, die Kraft des Geistes erhöht wird und der menschliche Intellekt über seine eigenen Grenzen hinaus erweitert wird.

Abhijit Naskar, The Education Decree

Energie folgt deiner Aufmerksamkeit

Des Weiteren fokussierst du deinen Verstand und deine Wahrnehmung auf eine einzig zu erledigende Sache. Nämlich, auf das Lesen der vor dir stehenden Wörter und Sätze. Du klammerst all die äußeren Einflüsse um dich herum aus und praktizierst eine Tätigkeit, die deinen Geist und deinen Körper beruhigt, während dein Gehirn mit neuen Informationen versorgt wird. Diese entschlüsselt dein Gehirn und verbindet sie in ein zusammenhängendes Verständnis. Damit trainierst du nicht nur deine Vorstellungskraft, sondern erweiterst zugleich auch deinen Horizont, da du über Dinge nachzudenken beginnst, über die du dir eventuell bis dahin noch nie Gedanken gemacht hast. Du brichst aus bestehenden Gedankenstrukturen aus und verlässt das Gewohnte. Sind diese Wörter und Sätze nun mit positiven, inspirierenden oder motivierenden Inhalten gefüllt, erzeugen diese entsprechende Denkprozesse von Positivität, Inspiration oder Motivation in deinem Gehirn. Jene wiederum erzeugen verknüpfte Emotionen, die dich in die Lage versetzen, Dinge zu unternehmen, die dem gelesenen Inhalt entsprechen. Liest du zum Beispiel ein Buch über das

> Das Gelesene ist dann nicht mehr nur eine neutrale Information im Raum unbegrenzter Möglichkeiten, sondern wird zu einem Teil von dir und deinem neuen Leben.

Glücklichsein, richtest du deinen Fokus und deine Wahrnehmung bewusst oder unbewusst danach aus, die gelesenen Inhalte in der Realität wahr werden zu lassen und ein glücklicherer Mensch zu werden. In bestimmten Situationen wirst du dich unerwartet an die gelesene Information erinnern und handelst entsprechend deiner neuen Einstellung.

Das Gelesene ist dann nicht mehr nur eine neutrale Information im Raum unbegrenzter Möglichkeiten, sondern wird zu einem Teil von dir und deinem neuen Leben.

INPUT → OUTPUT

Lesen
→ neue Erkenntnisse
→ neue Gedanken
→ neue Gefühle
→ neue Handlungen
→ neue Ergebnisse
→ neues Leben

Der Wert des Lesens

Da du nun verstehst, weshalb das Lesen von inspirierenden Büchern so wichtig für das Vorankommen in deinem Leben ist, wäre es an der Zeit, dass du das Ganze zur Gewohnheit werden lässt. Nimm dir hierfür bitte jeden Tag einige Minuten Zeit.

Am besten integrierst du diese Gewohnheit direkt in der Früh nach dem Aufstehen oder am Abend vor dem Schlafengehen. Lies das Gelesene jedoch nicht einfach nur. Verstehe es. Nimm dir einen Textmarker zur Hand und markiere die Stellen, die du für wichtig erachtest, um zu einem späteren Zeitpunkt erneut darauf zugreifen zu können. Mache dir Notizen und halte deine Gedanken zu dem Gelesenen fest. So verbindest du die gelesene Information mit eigenen kreativen Gedanken und kannst den Inhalt noch besser verinnerlichen.

Sollte dich das, was du liest, ganz besonders inspirieren, lies dieses Buch nicht nur einmal, sondern zwei, drei- oder viermal. Denn wie dir vielleicht schon mal aufgefallen ist, lernen wir durch Begeisterung und Wiederholung. Etwas ist sehr viel leichter zu verstehen, wenn man sich für das Gelesene interessiert. Dinge, die dich nicht begeistern, wirst du auch nur schwierig verinnerlichen.

> Es geht nicht um die Anzahl der Bücher die in deinem Regal stehen, sondern darum das Gelesene zu verinnerlichen um dann danach handeln zu können.

Deshalb macht es weniger Sinn, so viele Bücher wie möglich und in kürzester Zeit zu lesen. Es geht nicht um die Anzahl der Bücher, die in deinem Regal stehen, sondern darum, das Gelesene zu verinnerlichen, um dann danach handeln zu können. Jemand, der nur ein einziges Buch in seinem Repertoire vorzuweisen hat und dieses aber komplett übernimmt, indem er es immer wieder aufschlägt und nachliest, wird mehr erreichen als der, der 100 Bücher gelesen, aber keines davon wirklich verstanden hat.

Beachte hierbei auch Folgendes: Sollte dich ein Buch nicht „catchen", also sollte dich ein Buch nicht begeistern, sondern im schlimmsten Fall sogar langweilen, schließe dieses Buch, lege es zur Seite und beginne mit einem Neuen.

*„Deine Zeit ist zu wertvoll,
um schlechte Bücher zu lesen."*

Abschließend noch ein kleines Gedankenspiel: Stell dir selbst die Frage, wie viele wirklich gute Bücher du in den letzten drei Jahren gelesen hast. Hierbei kannst du ein Buch auch dreimal gelesen haben. Mache dir darüber Gedanken, ob diese Bücher Einfluss auf aktuelle oder zurückliegende Entscheidungen haben oder gehabt haben. Nun stell dir vor, du liest kontinuierlich für das komplette nächste Jahr an 365 Tagen 10 Seiten aus einem Buch, das dich interessiert und das dir in deinem geistigen Wachstum weiterhilft. Das wären im Jahr 3650 gelesene Seiten. Wenn wir nun von einem Buch von 250 Seiten ausgehen, liest du im kommenden Jahr über 14(!!) Bücher. Wie bereits geschrieben, kannst du auch ein einziges Buch 14 Mal lesen. Es macht zwar nicht so viel Spaß und man muss sich mit jedem erneuten lesen mehr konzentrieren, doch denkst du nicht auch, dass derart viel geistiger Input, Einfluss auf dein Denken und Handeln haben wird? Probiere es aus. Du wirst schnell erkennen, wie sehr du plötzlich nach positiven Veränderungen strebst. Denke immer daran:

INPUT → OUTPUT

Mindzed Tipp #7

Um das Lesen Teil deiner täglichen Routine werden zu lassen, ist es hilfreich, wenn du dir dafür feste Zeiten einplanst. Besonders gut eignet sich hier der frühe Morgen und der Abend. Lies zum Beispiel fünf Seiten in der Früh als Teil deiner Morgenroutine und fünf Seiten am Abend, bevor du ins Bett gehst. Da das Tor zum Unterbewusstsein zu diesen Zeiten weit geöffnet ist, dringen die gelesenen Informationen leichter in deinen Geist ein und werden schneller Teil deiner unbewussten Gedanken und Gefühle.

WELCHE FEHLER HÄTTEST DU IN DEINEM LEBEN VERMEIDEN KÖNNEN, WENN DU IM VORFELD BEREITS MEHR WISSEN GEHABT HÄTTEST?

NOTIZEN

Kapitel 8

Namasté

„Existenz ist nur im gegenwärtigen Moment. Der Verstand ist niemals im gegenwärtigen Moment."

Osho

Tag 45 - 55
+ 5. Erfolgsgewohnheit
Tägliche Meditation

Nachdem du nun zeitiger zu Bett gehst, dankbar den Tag abschließt, früher aufstehst und deinen Verstand durch das Lesen guter Bücher stärkst, ist es an der Zeit, dir eine Methode zu zeigen, die dich, wenn täglich praktiziert, fokussierter, glücklicher und mit mehr Gelassenheit durch dein Leben gehen lässt. Sie unterstützt dich dabei, dein Selbstvertrauen zu stärken und dein wahres Selbst besser kennenzulernen. Du verbindest dich mit deinem höheren Bewusstsein und fährst das über dich herrschende Chaos im Kopf herunter.

Ein Chaos aus unzähligen Gedanken, die du nicht in der Lage bist, zu bändigen. Genauer gesagt: Über 60.000 Gedanken, Tag ein – Tag aus. Ein Gedanke folgt dem Nächsten. Oft fängt er klein an und wird mit der Zeit immer größer und größer. Je nachdem, wie wir durch unsere Programmierungen geprägt sind, entstehen ins uns vermehrt negative oder positive Gedanken. Diesen Gedankengängen folgen dann die dazugehörigen Emotionen. Jene Emotionen wiederum sind verantwortlich für unsere Handlungen. Unser Handeln wiederum ruft Ergebnisse in unser Leben. Und diese Ergebnisse bilden letzten Endes unser Schicksal.

60.000 Gedanken pro Tag

Merkst du, wie wichtig es ist, einen positiven Einfluss auf seine Gedankengänge zu nehmen? Der Gedanke gehört mit unserer inneren Programmierung zum Ursprung allen Handelns. Um jedoch wirklich Einfluss auf diese Flut an täglichen Gedanken nehmen zu können, müssen wir uns diesen erst einmal bewusst werden.

Die meisten Menschen sind sich über ihr Denken jedoch kaum bis gar nicht bewusst. Sie glauben sie sind das, was sie täglich denken. Sie identifizieren sich mit ihren Gedanken. Aber seien wir hier doch einmal ehrlich. Bist du Schöpfer deiner Gedanken?

Also bist du derjenige, der aktiv denkt? Natürlich ist es so, dass wenn wir uns mit einem bestimmten Thema auseinandersetzen oder ein Problem lösen möchten, entsprechend über das Thema oder die Lösung des Problems nachdenken. Und dazu fallen uns dann plötzlich bestimmte lösungsorientierte Gedanken ein. Aber: Bist du derjenige, der diesen Gedanken aktiv in seinem Geist kreiert oder läuft dieser Gedanke durch einen bestimmten Filter?

INPUT → OUTPUT

Der Filter deiner Wahrnehmung

Informationen, die wir in unseren Geist hineinlassen, werden zu einem Filter. Dieser Filter ist ausschlaggebend dafür, welche Art von Gedanken du in deinem Geist kreierst. Da in unserer heutigen Gesellschaft tagtäglich immer mehr Informationen auf uns Menschen einströmen und da auch nur die Wenigsten etwas über die Wirkung dieser Informationsflut wissen, lassen wir alles ungehindert in uns herein, mit dem wir konfrontiert werden. Man könnte sagen, wir sind wie ein Schwamm, der alles aufsaugt, ganz gleich ob es sich hierbei um Dreck handelt oder um reines Wasser.

Werbebotschaften, wohin man blickt. Nachrichten in stündlichem Takt. Tweets und neue Posts auf sozialen Medien. Das alles strömt jeden Tag aufs Neue in unseren Geist. Und all das bildet und kreiert am

Ende den Filter, durch den wir unsere Welt sehen. Erst wenn wir es schaffen uns über unser Dasein und die Beschaffenheit unserer Gedanken bewusst zu werden, können wir gezielt darauf Einfluss nehmen, um bessere, friedvollere und glücklichere Gedanken und somit Emotionen zu erwecken.

Durch Meditation sind wir in der Lage uns unserer Gedanken bewusst zu werden. Wir erkennen, wie sehr wir durch unsere Umwelt geprägt sind und welche Glaubenssätze uns innewohnen. Gleichzeitig beruhigen wir das Durcheinander, das durch die tägliche Reizüberflutung in unserem Geiste vonstattengeht.

Es geht darum Herrscher über deinen Körper und über deinen Geist zu werden.

Stelle dir deinen Verstand am besten folgendermaßen vor: Jeder Gedanke entspricht einem Tropfen Wasser. Anfangs gleicht diese Ansammlung von Gedanken einem wilden Strudel oder einem reißenden Fluss. Das Ziel der Meditation ist es, einen ruhigen und klaren See in dir zu erzeugen. Frage dich einfach mal selbst: Ist es einfacher einen positiven, konstruktiven und inspirierenden Gedanken innerhalb eines ruhigen Sees ausfindig zu machen oder innerhalb eines brausenden Flusses?

„Es geht darum Herrscher über deinen Körper und über deinen Geist zu werden."

Was genau ist Meditation?

Um den Sinn der Meditation zu verstehen, ist es notwendig zu begreifen, um was es sich hierbei genau handelt und wie wir sie in unserem Leben bewusst praktizieren können.

Vereinfacht spricht man bei Meditation von einer Übung der Achtsamkeit. Achtsam zu werden gegenüber sich selbst und den Dingen, die einen umgeben. Den Strom der Gedanken zu unterbrechen und im Hier und Jetzt voll anwesend zu sein. Die meiste Zeit des Lebens funktionierst du auf Autopilot und reagierst in Gedanken, Worten und Taten auf alles, was auf dich Einfluss nimmt. Dies ist ein Automatismus, den wir bereits im Kindesalter erlernt haben, da wir ihn von unserer Umwelt, der Gesellschaft und vor allem von unseren Eltern adaptiert haben. Wir haben gelernt unsere Aufmerksamkeit auf die Außenwelt zu richten und darauf zu reagieren.

Gerade in der westlichen Gesellschaft sind wir oft der Annahme, dass äußere Umstände auch nur im Außen zu bewerkstelligen wären. Vielmehr sollten wir aber zu der Erkenntnis gelangen, dass alles, was wir im Außen erfahren, ein Spiegel dessen ist, wie es in unserem Inneren aussieht. Und dieses Innere können wir nur dann beeinflussen, wenn wir uns dessen bewusstwerden. Genau darum geht es bei der Meditation. Achtsam nach innen zu schauen. Sich seiner Gedanken und Emotionen bewusst zu werden, sie zu erkennen und gegebenenfalls zu unterbrechen.

Die meiste Zeit unseres Lebens, leben wir in Denkstrukturen, die wir uns über die komplette Lebenszeit aufgebaut haben. Bei der Meditation befreien wir uns davon und lösen uns gedanklich von der Vergangenheit und von der Zukunft. Wir akzeptieren die Gegenwart und heißen sie Willkommen. Wir richten den Fokus auf das, was ist. Nicht auf das, was war oder was sein könnte.

Die „richtige" Vorbereitung

Ganz grundsätzlich sollten wir uns von dem Gedanken trennen, dass wir beim meditieren irgendetwas richtig oder falsch machen könnten. Unser Denken und unser Alltag ist eh schon all zu oft davon geprägt, was wir alles tun MÜSSEN, anstatt was wir tun DÜRFEN. Setze dich also hier nicht auch zusätzlich noch unter Druck. Nimm dir gerne die Zeit für dich. Lasse von allem los zu dem du dich gedrängt fühlst. Genau hierbei hilft dir die Meditation. Dich von dem Gefühl zu lösen, etwas tun zu müssen. Das Gefühl der Hektik. Des Nichtankommens. Lasse von all dem los.

Suche dir einen bequemen Ort an den du dich zurückziehen kannst. Setze dich hierfür so hin, wie es sich für dich am Besten anfühlt. Du musst dich nicht im Schneidersitz auf den Boden sitzen, nur weil das die buddhistischen Mönche im Kloster so machen. Wenn du das tun willst, tue es. Achte nur darauf, dass dein Rücken gerade ist.

Ich persönlich setze mich gerne auf mein Sofa. Ich stelle meine Füße im rechten Winkel auf den Boden und polstere meinen Rücken mit zwei kleinen Kissen um aufrecht zu sitzen, ohne im Laufe der Meditation zusammenzusinken. Ich lege meine Hände so, wie es sich für mich richtig anfühlt. Auch achte ich darauf, dass ich während der Meditation von niemandem gestört werde. Deshalb meditiere ich meist direkt nach dem Aufstehen, als Teil meiner persönlichen Morgenroutine. Das Licht ist gedämmt, die Umgebung ist still. Entweder stelle ich zuvor einen Timer oder lausche einer geführten Meditation. Optimale Bedingungen.

Wie man meditiert

Um dies vorwegzunehmen: Es gibt an und für sich keine „richtige" oder „falsche" Meditation. Jede Meditation ist eine gute Meditation. Hier spielt es anfangs auch keine Rolle, wie lange du meditierst und es ist ebenfalls egal, wie ruhig oder unruhig du dabei bist.

Du wirst merken, dass es gerade am Anfang, eine Herausforderung sein wird, ruhig und gedankenlos zu verharren und nichts zu tun. Das liegt daran, da du es nicht gewohnt bist, bewusst eine solche Macht über deinen Körper und über deinen Geist auszuüben.

Um dir die Meditation jedoch etwas zu erleichtern, macht es Sinn zu verstehen was hier passiert und auf welche Dinge du beim meditieren achten solltest.

Bei der aufmerksamen Meditation fährst du das Gedankenkarussell und die Hyperaktivität deines Verstandes und auch deines Körpers bewusst zurück. Ab hier übernimmst du das Steuer. Wie bei einem Hund, dem du beibringst „Sitz“ zu machen und dem du verbietest sich zu bewegen, bis du es erlaubst, bringst du dir selbst bei, bewusst im Hier und Jetzt zu sein. Du bist der Befehlshaber über deinen Verstand. Du ergibst dich nicht deinem inneren Verlangen nach Bewegung und lässt deinen Körper und Geist genauso lange in Ruhe verharren, wie es notwendig ist. Du beendest die Meditation nicht, sobald dein Verstand dir einredet, du müsstest jetzt aufstehen oder an etwas denken, sondern du beendest sie, sobald du deine „Vorgabe“ erreicht hast. Wenn du dir also zu Beginn vornimmst, fünf Minuten still zu sitzen, auf deine Atmung zu achten und deine Gedanken zur Ruhe zu bringen, solltest du diese fünf Minuten auch zum Abschluss bringen.

Gerade zu Beginn dieser Reise wird dein Ego, das über Jahre hinweg Besitz von dir ergriffen hat, versuchen dir weiß zu machen, dass das alles gar keinen Sinn ergibt. Es wird dir versuchen einzureden, deinen Körper in Bewegung bringen zu müssen. Es wirft dir Gedanken in deinen Kopf, versucht dir Ängste über deine Zukunft zu bereiten oder in vergangenen Erlebnissen zu schwelgen.

> JETZT ist der allesentscheidende Moment.

Genau hier, wenn du dir dieser Gedanken und dem Verlangen nach Bewegung gewahr wirst, beginnt die Meditation. Jedes Mal, sobald du die Lücke zwischen diesen Gedanken und dem Verlangen des Egos „nach mehr“ erkennst, befindest du dich in der Meditation. Du holst dich aus der Vergangenheit in die Gegenwart. Anstatt in die Zukunft abzudriften, verharrst du im jetzigen Moment. Alles, was wir erleben, findet in genau diesem Augenblick statt. Dies ist übrigens auch der einzig wichtige Moment des Lebens. Jetzt. Werde dir über deine Atmung bewusst. Achte auf deinen Herzschlag. Spüre, wie das Leben durch dich hindurch pulsiert. Nimm deinen Körper wahr und suche stets die Lücke zwischen deinen Gedanken. Solltest du gedanklich dennoch abschweifen, was mit sehr hoher Wahrscheinlichkeit gerade zu Beginn noch sehr viel öfter passieren wird, ist das vollkommen in Ordnung. Werde dir nur darüber bewusst und lass sie dann wieder ziehen. Ärgere dich während der Meditation nicht, wenn du „zu viel“ denkst. Dein Verstand ist es nicht gewohnt, nicht zu denken. Fahre einfach fort und du wirst merken, dass von Zeit zu Zeit immer mehr Ruhe und Harmonie in deinen Geist tritt und den Gedankenfluss mit immer größerer Leichtigkeit zum Erliegen bringt. So wirst du auch die Dauer deiner Meditation immer weiter steigern können. Eine gute und hilfreiche Möglichkeit, um die besagte Lücke zwischen deinen Gedanken während der Meditation ausfindig zu machen und sich dieser bewusst zu werden ist sich folgende Frage zu stellen:

„Was ist mein nächster Gedanke?"

Im Augenblick, in dem du dir diese eine Frage stellst und dann nach dem nächsten Gedanken Ausschau hältst, der in dir hervorkommt, befindest du dich völlig bewusst in der Lücke. Du merkst, sobald du deinen Fokus darauf konzentrierst was der nächste Gedanke sein wird, kommt eigenartigerweise kein Gedanke auf. Du hältst achtsam Ausschau nach dem nächsten Gedanken und

Achtsamkeit ist der Schlüssel zur Gedankenlosigkeit

Achtsamkeit ist der Schlüssel zur Gedankenlosigkeit. In Momenten der Achtsamkeit ist es also logischerweise nicht möglich zu denken.

Versuche, diese Gedankenlosigkeit immer weiter auszudehnen und spüre das Gefühl, das sich durch dein bewusstes Sein entfaltet. Bist du dir dem Spalt zwischen den Gedanken gewahr, bist du schließlich im Hier und Jetzt angekommen. Das ist alles, was wir beim Meditieren „erreichen" wollen. Zu sein. Vielleicht ist es das erste Mal seit Wochen oder sogar Monaten, ja vielleicht hast du seit vielen Jahren nicht erlebt, was es bedeutet sich im jetzigen Augenblick des Lebens zu befinden.

Wie fühlt sich das an? Vielleicht spürst du eine Art inneren Frieden, Sorglosigkeit, Vertrautheit oder eine angenehme Wärme, die in dir aufsteigt. Du siehst: Nicht nur das Denken selbst ruft Gefühle in dir hervor, sondern genauso auch die Gedankenlosigkeit. Während unser unbewusstes Denken oft von Ängsten und Sorgen geprägt ist, schafft die Gedankenlosigkeit das genaue Gegenteil. Sie schafft eine ordnende und harmonisierende Wirkung auf unser gesamtes Befinden in Körper, Geist und Seele.

Bist du ein Thermostat oder ein Thermometer?

Schaffst du dir die gewünschte Umgebung, oder reagierst du nur auf die äußeren Umstände? Frage dich selbst: Wie verhältst du dich die meiste Zeit? Welche Gefühle entstehen in dir? Wie re-agierst du auf die Dinge, die dir widerfahren?

Kannst du dich mit einem Thermostat vergleichen, der selbst dafür sorgt, wie „warm“ es um ihn herum wird? Schaffst du dir also deine gewünschte Umgebung, so wie du sie dir selbst vorgibst?

Oder bist du eher ein Thermometer, das je nachdem, was im Außen geschieht, entsprechende innere Veränderungen durchlebt? Wenn du dich entscheiden könntest, was wärst du lieber? Ein selbstverantwortlicher Thermostat oder ein von außen beeinflusstes Thermometer?

Vermutlich denkst du dir jetzt: „Natürlich wäre ich lieber ein Thermostat, aber das ist doch gar nicht möglich.“ Hier stimme ich dir teilweise zu. Wir Menschen sind emotionale Wesen. Wenn wir auf gewisse äußere Umstände nicht mehr emotional reagieren würden, würde uns nur noch sehr wenig von einem Roboter unterscheiden. Es ist auch gar nicht notwendig, auf gar nichts mehr emotional zu reagieren. Wo bliebe denn dann die Freude, der Frieden, das Glück und die Liebe, die uns von außen beeinflusst und die wir mit unseren Mitmenschen teilen?

Was wir aber verstehen sollten, ist, dass nicht alles eine emotionale Reaktion von uns erfordert. Häufig lassen wir uns viel zu schnell aus dem Konzept bringen, von Dingen, die es gar nicht wert sind emotional beachtet zu werden. Es geht darum, emotionale Resilienz zu entwickeln und darauf zu achten, wie man auf das Äußere reagiert. Dazu ist Achtsamkeit und Bewusstheit über deine Gedanken und Emotionen notwendig. Solltest du dich also das nächste Mal über etwas ärgern, denk daran: Niemand ärgert dich!

Du ärgerst dich selbst! Du bist verantwortlich, wie du auf Aussagen und Ereignisse deiner Umwelt reagierst. Warum solltest du dich also selbst ärgern? Wie reagiert ein Thermostat auf die äußere Temperatur? Richtig: Gar nicht. Es schafft sie sich.

Indem du dir jeden Tag die Zeit zum meditieren nimmst und diese Gewohnheit fest in dein Leben integrierst, wirst du die Eigenschaft emotionaler Resilienz immer mehr in deinem Leben festigen. Gleichzeitig wirst du immer seltener unbewusst auf äußere Umstände reagieren.

Vom Opfer zum Schöpfer

Unser Ziel ist es, ein Leben zu leben, bei dem wir das „Negativ" durch „Positiv" ersetzen. Natürlich ist es nicht möglich ein Leben zu leben, das durchweg nur „positiv" ist. Es können uns jederzeit „schlimme" Dinge widerfahren. Doch auch hier liegt es in unserem Ermessen, wie viel Energie wir diesen Erfahrungen geben und ob wir in einer „negativen" Erfahrung verharren oder ob wir darin nicht auch etwas „Positives" sehen können.

Die erfolgreichsten Menschen der Welt sind oftmals durch unglaubliche Tragödien zu den Menschen geworden, die sie letztlich geworden sind. Wie ich dir bereits oben erklärt habe wachsen wir Menschen durch Schmerz und Schmerz ist eine Energie. Du selbst hast es in der Hand, wie du diese Energie einsetzt. Das Wichtigste hierbei ist es jedoch, sich darüber bewusst zu sein, dass man das Steuer, egal in welcher Lebenslage, selbst in der Hand hat. Schmerzen machen uns, wenn wir uns unserer inneren Stärke, unserer Gedanken und Emotionen nicht bewusst sind zum Opfer. Doch erkennen wir unsere innewohnende Kraft, kontrollieren wir unsere Gedanken und steuern unsere Emotionen, werden wir durch Schmerz zum Schöpfer.

> Wachstum durch Schmerz!

Lass uns also die tägliche Meditation in unseren Alltag etablieren und zu einer unserer acht

Erfolgsroutinen werden. Am besten eignet sich zur Ausübung auch hierfür der frühe Morgen. Nutze die Stille des Morgens für ein Bad in der Gedankenlosigkeit. Mit jedem Tag, den du meditierst, kann es sein, dass du folgende Entwicklungen an dir und deinem Leben feststellst:

- Du wirst *gelassener*
- Du wirst *selbstbewusster*
- Du wirst *positiver*
- Du wirst *fokussierter*
- Du wirst *energetischer*
- Du wirst *glücklicher*
- Du wirst *optimistischer*
- Du wirst *bessere Beziehungen pflegen*
- Du wirst *mutiger*
- Du wirst *schneller einschlafen*

Mindzed Tipp #8

Der Akt der Meditation unterstützt dich dabei, mehr Klarheit und Bewusstsein über dich selbst und über dein Leben zu erlangen. Bereits wenige Minuten pro Tag, in denen du deine Gedanken und Emotionen gezielt „herunterfährst", können dir dabei helfen ein glücklicheres, gesünderes und harmonischeres Leben zu leben. Fang am besten mit 5 Minuten pro Tag an und steigere die Dauer der Meditation allmählich. Solltest du mit dem Thema Meditation noch keine Erfahrungen gemacht haben, kann es gerade zu Beginn hilfreich sein, auf geführte Meditationen zurückzugreifen. Diese können dir dabei helfen, in die neue Gewohnheit „hereinzufinden" und Achtsamkeit zu lernen. Hierzu gibt es einige gute Apps und auch sehr schöne Youtube Videos.

GIBT ES AUS DEINER SICHT EINEN LOGISCHEN GRUND, NICHT MIT DEM MEDITIEREN ZU BEGINNEN?

WAS SPRICHT HINGEGEN DAFÜR?

NOTIZEN

Kapitel 9

Jetzt wird's zapfig!

*„Es gibt keinen Erfolg,
wo es keine Willenskraft gibt."*
Sprichwort

Tag 56 – 66
6. Erfolgsgewohnheit
Täglich kalt Duschen

Lass uns nun über die körperlich unangenehmste Herausforderung des ganzen Projekts reden. Wie du bereits weißt, ist das Verlassen der eigenen Komfortzone ein elementarer Schlüssel um sein persönliches Wachstum voranzubringen. Nur wenn du gewillt bist, Dinge umzusetzen, die dir unbequem erscheinen, wirst du auch in künftigen Situationen richtungsweisende Entscheidungen treffen, die dich in deinem Leben voranbringen und positive Ergebnisse produzieren. Beim regelmäßigen Ausbruch aus der Komfortzone trainierst du auch etwas, das man als Willenskraft bezeichnet. Auch hier versteckt sich der eigentliche Sinn im Worte selbst.

Es ist die Kraft des eigenen Willens.

So wie man im Kraftsport regelmäßig Gewichte durch körperliche Aktivität bewegt und das Gewicht von Zeit zu Zeit erhöht, um seine Muskelkraft wachsen zu lassen, so ist es ebenso möglich, die Kraft des eigenen Willens zu steigern. Lass uns hier kurz bei dem Vergleich bleiben: Wenn du Muskeln aufbauen und einen gesünderen Körper haben möchtest, reicht es nicht aus, nur ein einziges Mal ins Fitnessstudio zu gehen und darauf zu hoffen, dass dein Körper eine Überproduktion an Muskelmasse in Gang setzt. Vielmehr wäre es notwendig, den regelmäßigen Besuch im Studio zur Routine werden zu lassen. Nur die stetige Wiederholung und das kontinuierliche Steigern der Gewichte (=Herausforderungen) lässt deine Muskeln wachsen. Hierbei fügst du deinem bestehenden Muskel bei jeder Wiederholung Schmerzen in Form von minimalen Muskelfaserrissen zu. Da unser Körper ein äußerst intelligenter Organismus ist, versteht er, dass dieser Schmerz in Zukunft nur dann vermieden werden kann, wenn der Muskel in der Lage ist, das gehobene Gewicht aus eigener Kraft zu bewegen. Um dies zu erreichen, werden innerhalb des strapazierten Muskels neue und zusätzliche Zellen aufgebaut. Das geschieht natürlich nur in Verbindung mit einer gesunden und ausgewogenen Ernährung, d. h. wenn man dem Körper auch die nötigen Nährstoffe, also das notwendige Aufbaumaterial zu Verfügung stellt.

Ganz nebenbei bemerkt ist regelmäßiges Krafttraining eine der besten Routinen, die du dir aneignen kannst. Denn hier trainierst du nicht nur deinen Körper, deine Gesundheit, deine mentale Stärke, sondern steigerst ebenso auch deine Willenskraft. Genau wie du deinem Muskel gezielten „Schmerz" zufügst, erhöhst du deine Willenskraft ab sofort dadurch, indem du dich bewusst selbst in „schmerzhafte" Situationen begibst.

Du bist doch kein Warmduscher! Oder?

Seien wir doch mal ehrlich. Keiner von uns lässt sich gerne als Warmduscher bezeichnen. Viel lieber wäre es uns doch, wenn man uns als die Person ansieht, die mit enormer Disziplin, Leistungsbereitschaft, Erfolgswillen und mit einer Gewinnermentalität durchs Leben geht. Jemand, der die Hürden des Lebens mit Leichtigkeit zu meistern weiß. Jemand, bei dem sich andere Menschen gerne einen Rat holen und dem die Menschen vertrauen. Ein Mensch mit ungeheurem Selbstvertrauen und immenser Tatkraft. Ein Vorbild für die Gesellschaft!

Nein, ich rede hier weder von Superman noch von Chuck Norris. Ich rede von dir! DU kannst derjenige sein. Es hängt nur davon ab, welche Entscheidungen du in deinem täglichen Leben triffst. Deine Zukunft

Willenskraft!

hängt von den Dingen ab, die du heute gewillt bist zu tun! Gehst du mit einer „Warmduscher-Mentalität“ durchs Leben, oder ist es dir egal, wie kalt das Wasser ist? Drehst du den Wasserhahn beim Duschen auf kalt und entscheidest dich einmal mehr für Wachstum oder lässt du dich vom warmen Wasser berieseln, um in deine Komfortzone einzutauchen?

Die Gegensätzlichkeit der Dinge

Ich weiß, diese Worte klingen hart und provokant. Doch machen wir es uns doch mal selbst deutlich. Wir erleben in der heutigen Zeit einen derartigen Überfluss an Komfort, dass wir oft vergessen, in welchem Luxus wir heutzutage leben. Dieser Überfluss sorgt zwar dafür, dass wir uns wohlfühlen und dass es uns gut geht. Doch er ist ebenfalls dafür verantwortlich, dass wir immer bequemer werden und weshalb vor allem die Männer unter uns immer mehr verweichlichen. Dass wir häufig den einfacheren Weg wählen, anstatt uns bewusst den Herausforderungen des Lebens zu stellen. Glaub mir, sobald du dich bewusst dafür entscheidest, regelmäßig kaltes Wasser über dich strömen zu lassen, wirst du es in Zukunft sehr viel mehr zu schätzen wissen, was es bedeutet, warm zu duschen! An dieser Stelle kommt auch wieder die Dankbarkeit ins Spiel. Je mehr du etwas zu schätzen weißt, weil du die Gegensätzlichkeit der

Dinge erfahren hast, desto dankbarer bist du für die Dinge, die du sonst als selbstverständlich siehst. Je härter die Erfahrungen sind, desto dankbarer sind wir am Ende für die Geschenke, die uns ein komfortables Leben ermöglichen.

Sobald dir das klar wird, werden viele Dinge in deinem Leben sehr viel einfacher. Du schreckst vor bestimmten Herausforderungen seltener zurück und gehst häufiger den unbequemen Weg, weil du weißt, du bist dazu in der Lage. Du beginnst zu begreifen, dass jeder Schritt außerhalb deiner Komfortzone, ein Schritt ist, der zur Entfaltung deines *Mindzed Potenzials* beiträgt.

Natürlich kannst du dich auch jederzeit für eine warme Dusche entscheiden – du kannst aber auch das genaue Gegenteil tun. Frage dich nur selbst:

„Für was würde sich die beste Version von mir entscheiden?"

Die Vorteile einer kalten Dusche:

- Steigerung der Willenskraft
- Aufbau mentaler Stärke
- Physische Abhärtung
- Steigerung der Energie
- Stoffwechsel / Kreislauf wird angekurbelt

Schmerz und Freude

Alles was wir tun, machen wir aus zwei Motiven heraus. Das erste Motiv heißt Schmerz, das andere heißt Freude. Das bedeutet, wir treten immer dann in Aktion, wenn wir entweder Schmerzen vermeiden oder Freude erlangen möchten. Alle Handlungen basieren also auf eine dieser beiden Motive. Frag dich nur mal in dem jetzigen Moment. Weshalb liest du diese Zeilen? Möchtest du etwas lernen um in Zukunft ein freudvolleres Leben zu leben? Bereitet dir das Lesen an sich Freude? Oder ist deine Intention eher die, mit neuem Wissen, einer schmerzlichen Situation zu entkommen? Egal welche Absicht hinter dem Lesen des Buches auch steckt, sie ist geprägt durch eine dieser beiden Hauptmotivationen.

Wenn wir das Schmerz/Freude Prinzip darauf beziehen, täglich kalt zu duschen, kommen wir zu folgendem Schluss: Die bewusste Entscheidung, sich in eine unbequeme Situation zu begeben, wird deshalb vollzogen, weil das Erreichen der langfristigen Freude durch die o.g. Vorteile, den kurzfristigen, körperlichen Schmerz der kalten Dusche übersteigt. Diese langfristige Freude kann bereits eine gesteigerte und bewusst wahrgenommene, körperliche oder auch mentale Energie im Alltag sein. Es kann aber auch die Freude an Erfolgen sein, die wir im späteren Leben gerne feiern

Kaltes Duschen hilft uns dabei unsere Ziele zu erreichen!

wollen. Wir wissen, dass wir diese Erfolge aber nur dann erreichen, wenn wir die entsprechend notwendigen und oftmals unbequemen Handlungen in unserem Berufs- oder Privatleben in die Tat umsetzen. Das kalte Duschen hilft uns dabei, jene Willenskraft aufzubauen, die notwendig ist, um entsprechende Ziele zu erreichen, die man nur durch das überwinden unbequemer Situationen erreichen kann.

Ein Beispiel aus der Welt des Verkaufs

Übst du einen Beruf aus, der an deiner Leistung und deiner Schlagzahl gemessen wird, ist es wichtig, über die gewohnten Grenzen deiner bisherigen Ergebnisse hinauszuwachsen, indem du über deine Schmerzgrenze hinauswächst. Diese Schmerzgrenze beginnt dort, wo die Komfortzone endet. Wenn du beispielsweise im Verkauf tätig bist, hörst du mit deiner Kundenakquise erst dann auf, wenn du dein täglich vorgenommenes Ziel an Kontakten und Anrufen erreicht hast, unabhängig davon, ob du darauf nun Lust hast oder nicht.

Wenn dein bisheriger Arbeitsaufwand beispielsweise bei zwanzig Akquisegesprächen pro Tag lag und du keinerlei Probleme damit hast, diese zwanzig Anrufe auch tatsächlich umzusetzen, dann liegt genau hier auch deine Schmerzgrenze. Das bedeutet, ab dem 21. Kontakt und mehr beginnt dein Gehirn dir zu signalisieren, dass du mehr Energie verbrauchst und es wird beginnen unangenehme Gefühle in dir hervorzurufen. Das geschieht aber nur so lange, bis dieser neue neuronale Pfad festgetreten und zu einer Gewohnheit gereift ist. Wenn du dich in deinen Verkaufszahlen und deinen Umsätzen also verbessern möchtest, ist es wichtig die Schlagzahl deiner Akquise immer weiter zu erhöhen, bis du ein gewisses Maximum erreicht hast. Das wird zunächst Schmerzen in dir hervorrufen, doch denk immer daran, kurzfristige Schmerzen erzeugen langfristige Freuden.

Was könnte also die Freude in dir erwecken, diese Schmerzen bewusst in Kauf zu nehmen? Was würde sich für dich ändern, wenn du deine Schmerzen bewusst ausreizt, während du allmählich feststellst, dass du zu sehr viel mehr in der Lage bist, als dich dein momentanes Selbstbild noch glauben lässt?

Erst wenn diese neuronalen Pfade so sehr gefestigt sind, dass wir mehr Schmerzen erfahren, wenn wir die neue Gewohnheit nicht mehr ausüben, ist diese fest installiert. Es verursacht dir also bald mehr Schmerz in Form von Unbehagen, nicht mehr kalt zu duschen, als kalt zu duschen.

Du wächst in der Dusche!

Die tägliche Praxis einer kalten Dusche hat nicht nur langfristige Auswirkungen auf deine Willenskraft und Disziplin, sondern kann auch entsprechende Sofort-Effekte in dir hervorrufen.

Egal wie müde, antriebslos, schlecht gelaunt oder unmotiviert du dich fühlst: Nach einer eiskalten Dusche sind all diese negativen Empfindungen zumindest vorübergehend ersteinmal verschwunden. Sozusagen findet neben der körperlichen Reinigung auch eine energetische Reinigung statt. Du fühlst dich erfrischt, wach und voller Energie. Des Weiteren dreht dein Körper aufgrund der empfundenen Kälte deine innere „Heizung“ auf, um dich von innen heraus zu wärmen. Du spürst förmlich, wie dadurch das Blut und die Energie durch deinen Körper strömt und in Wallung kommt.

Ganz abgesehen von einem gesteigerten Energielevel wirst du zudem auch enorm stolz auf dich sein, denn du hast hier gerade einmal wieder etwas getan, das 95 Prozent der Menschen da draußen niemals freiwillig tun würden. Frag doch einfach mal in deinem Freundes- oder Bekanntenkreis nach, wer sich jeden Tag bewusst und aus freiem Willen unter eine kalte Dusche stellt? Glaub mir, es sind die Allerwenigsten. Die Komfortzone der meisten Menschen ist einfach viel zu groß, als dass sie sich aus freien Stücken einem solchen „Schmerz“ stellen würden.

> Du bist jeden Tag nur eine Entscheidung davon entfernt, die Welt zu einem besseren Ort zu machen.

Das Einfachste, das du in deinem Leben tun kannst, ist, immer den leichtesten Weg zu wählen. Es gibt im

Grunde genommen nichts Einfacheres als das. Dir obliegt darüber in jeder Sekunde die Entscheidungsgewalt: Halte dir aber auch immer wieder vor Augen: Der schmerzhafte Weg ist derjenige, der dir Wachstum verschafft. Wachstum wiederum macht dich zu einem besseren Menschen. Ich sage nicht, dass du kein guter Mensch bist. Was ich aber sage, ist, dass sich jeder von uns jeden Tag verbessern kann und in der Verbesserung liegt der Schlüssel zum Fortschritt des Lebens.

„Indem wir uns selbst bewusst verbessern, verbessern wir die Entwicklung und den Fortschritt der Menschheit."

Du bist jeden Tag nur eine Entscheidung davon entfernt, die Welt zu einem besseren Ort zu machen. Allein in der simplen Entscheidung, in welche Richtung du den Regler deiner Dusche drehst. Das klingt im Grunde genommen schon wieder fast zu simpel. Doch halte dir immer vor Augen: Nur, wenn wir uns selbst jeden Tag Stück für Stück verbessern, verbessern wir auch alles um uns herum. Fortschritt ist nichts, was von heute auf morgen offensichtlich wahrnehmbar ist. Es sind kaum sichtbare, tägliche Ereignisse, die diese Transformation bewirken. Setze dich dem Schmerz also bewusst aus und mache es dir immer wieder klar:

„Schmerz" bedeutet Wachstum.

Mache es dir am besten zu einem Mantra. Suche die unbequemen Situationen, die den Fortschritt in dir bewirken, so oft du nur kannst. Fang in der Dusche damit an!

Was würde die beste Version von dir tun?

Seien wir ehrlich. Jeder von uns durchlebt hin und wieder Phasen des Zweifelns, des Grübelns, der Negativität, des Pessimismus. Wir sind schließlich Menschen. Und Emotionen sind dazu da, damit wir sie erfahren. Sowohl die „Guten" als auch die „Schlechten".

Wir gelangen manchmal an einen Punkt, an dem wir mit dem, was wir tun, nicht zu hundert Prozent zufrieden sind. Wir fragen uns, ob das, was wir tun, das Richtige ist und ob man sich auf dem rechten Weg befindet. Es gibt Zeiten, da weiß man einfach nicht weiter und durchlebt eine Achterbahn der Emotionen.

> Emotionen sind dazu da, damit wir sie erfahren.

Ich möchte ehrlich mit dir sein. Jetzt gerade, wo ich diese Zeilen schreibe, es war keine zehn Minuten her, da stand ich unter der Dusche, voller Selbstzweifel und negativer Gedanken. Ich zweifelte an mir und an diesem Buch. Ich zweifelte an meinem Job, meiner Person, an meiner momentanen Situation und ich stellte mir die Frage, ob ich in der Lage wäre, meiner Freundin und mir das Leben bieten zu können, das wir verdienen. Ich zweifelte am Erfolg dieses Buchs und stellte mir selbst die Frage: „Wer bin ich denn überhaupt, um ein solches Buch zu veröffentlichen?" Mit jedem Gedanken, den ich darüber nachdachte, drehte sich diese negative Spirale von Gedanken und Emotionen weiter herab. Ich stellte mir mehr und mehr negativ ausgerichtete Fragen und „welch Zufall": Ich erhielt immer mehr negativ ausgerichtete Antworten. Als ich mir über die aktuelle Situation bewusst wurde und erkannt habe, dass ich diesen Teufelskreis gerade selbst erzeuge, wurde mir plötzlich klar, dass auch nur ich selbst es schaffe, mich da wieder herauszuholen.

Daraufhin stellte ich mir die folgende Frage:

„Was würde die beste Version von mir jetzt tun?"

In diesem Moment stoppte der negative Kreislauf und ich begann mich neu zu sortieren. Ich drehte den Wasserhahn auf eiskalt und sagte mir:

Die beste Version von mir glaubt an sich selbst.
Die beste Version von mir ist positiv und optimistisch.
Die beste Version von mir fühlt sich gut und erfolgreich.
Die beste Version von mir ist inspiriert und kreativ.

Ich fühlte mich plötzlich wie ausgewechselt. Ich habe es geschafft mein Mindset innerhalb weniger Sekunden um 180 Grad zu drehen. Ich war klar im Kopf und habe die negativen Gedanken neutralisiert. Stattdessen fühlte ich mich motiviert und inspiriert. Was glaubst du habe ich im Anschluss getan? Ich setzte mich an meinen Laptop und arbeitete weiter an diesem Buch, um diese Erfahrung mit dir zu teilen. Eine einzige Frage hat mein komplettes negatives Gedankenkarussel in einen Aufwärtsstrom von positiven Gedanken und Handlungen in Gang gesetzt.

„Was würde die beste Version von mir jetzt tun?"

Solltest du dich hin und wieder in einer ähnlichen Verfassung befinden, kann ich dir raten, dir genau diese Frage zu stellen und dann exakt nach den Antworten zu handeln, die du darauf erhältst! Drehe den Regler auf kalt und sieh zu was passiert!

Eine Anleitung

Wenn du dich also heute oder morgen unter die Dusche stellst und die Entscheidung triffst, deinen Körper mit kaltem Wasser abzuduschen, kann ich dir dabei folgende Vorgehensweise aus eigener Erfahrung empfehlen.

Zunächst einmal solltest du dir immer wieder ins Bewusstsein rufen, dass diese Gewohnheit dir dabei hilft, zur besten Version deiner Selbst zu werden. Sie unterstützt dich auf deinem Weg mehr Willenskraft, Disziplin und mentale Stärke aufzubauen.

Persönliche Eigenschaften, die dir dabei helfen, ein herausragendes Leben zu leben. Ruf dir das immer wieder ins Gedächtnis, damit du weißt weshalb du das jetzt tust. Glaub mir, sobald du unter der eiskalten Dusche stehst, ist der Gedanke, mit dieser Gewohnheit zu brechen, nicht mehr weit. Nur wenn du also dein Warum in dieser Situation verinnerlicht hast und es nicht verdrängst, wirst du dich auch weiterhin dazu zwingen aus deiner Komfortzone herauszutreten.

Stehst du nun unter der Dusche, beginne für den Anfang am besten so wie immer. Dusche dich zunächst warm ab und verrichte deine gewohnten Routinen, indem du dich wäscht und deinen sonstigen Abläufen nachgehst. Hast du das erledigt, kannst du dich nun dem harten Teil, also dem Wachstum widmen.

Drehe hierzu den Regler nun langsam von warm in Richtung kalt. Gehe hier jedoch bitte schrittweise und langsam vor, um deinem Körper und deinem Geist eine gewisse Eingewöhnungszeit zu bieten. Erinnere dich an dieser Stelle an den Frosch im Kochtopf.

Lass deinen Kopf zunächst noch außen vor und widme dich vorerst nur deinem Körper. Während du den Wasserhahn nun langsam immer weiter auf kalt drehst duschst du zunächst nur deine linke Hand ab. Von der Hand aus gehst du über zum kompletten Arm bis zur Schulter hinauf. Sobald du deinen Arm eiskalt abgeduscht hast, überkreuzt du nun die Seite und widmest dich deinem rechten Fuß, gefolgt von deinem Bein bis zum Oberschenkel hinauf. Danach gehst du über zu deinem linken Fuß, ebenso bis zum Oberschenkel. Im Anschluss daran noch dein rechter Arm bis rauf zur Schulter und erst dann lässt du das eiskalte Wasser über deinen Oberkörper prasseln. Versuche hierbei bitte ruhig zu bleiben und tief ein- und auszuatmen. Nimm diese Situation achtsam wahr und spüre das kalte Wasser auf deiner Haut. Registriere, wie sich dein Körper verhält und bleibe ruhig und gelassen bei dir und im jetzigen Moment. Sobald du nun deinen Oberkörper abgeduscht hast, kannst du dich umdrehen und das Wasser über deinen Rücken laufen lassen. Gehe auch hier bitte langsam und bewusst vor. Atme tief weiter und nimm den Unterschied zum noch gerade erlebten warmen Wasser wahr. Versuche, entspannt und gelassen zu bleiben, auch wenn es dir in diesem Moment etwas schwerfällt. Das Wichtigste dabei ist, dass du dir immer wieder klarmachst, dass das, was du da tust, gut für dich ist, auch wenn es sich absolut nicht danach anfühlt.

Eine weitere gute Möglichkeit, um dieses Prozedere so entspannt wie möglich zu erleben, ist so zu tun, als ob es dir überhaupt nichts ausmacht. Tu einfach so, als würdest du das Ganze bereits seit Jahren so praktizieren. Stelle dir zum Beispiel einfach vor, das Wasser wäre nicht eiskalt, sondern warm. So kannst du deinen Verstand ein wenig austricksen und dir die kalte Dusche etwas erleichtern. Dein Verstand ist mächtig – nutze ihn für dich.

Deine Gesundheit geht vor!

Auch wenn du über die Grenzen hinaus motiviert bist und du es kaum erwarten kannst, dich der Kälte auszusetzen, übertreibe es nicht. Setze dich nicht länger als wenige Minuten dem kalten Wasser aus. Das genügt um die förderlichen Resultate für dich und dein persönliches Wachstum in Gang zu setzen.

Lies dir zum Thema „Kaltduschen" gerne im Internet weitere Erfahrungsberichte und Artikel durch, damit du dich auch außerhalb des *Mindzed Potenzials* von der Wirksamkeit und der gesundheitlichen Vorteile überzeugen kannst.

Mindzed Tipp #9

Drucke dir zwei wasserfeste Aufkleber aus. Auf den einen schreibst du „Wachstum" – auf den anderen schreibst du „Stillstand". Diese klebst du nun an deine Duschwand hinter dem Wasserhahn. In Richtung des kalten Wassers klebst du den Aufkleber mit der Aufschrift „Wachstum" und in Richtung des warmen Wassers klebst du den mit der Aufschrift „Stillstand". So wirst du jeden Tag unter der Dusche daran erinnert, für welchen Weg du dich entscheidest. Das hilft dir auch an unmotivierten Tagen, die bewusste Entscheidung zu treffen und den notwendigen Schritt aus der Komfortzone herauszutreten. (Die Aufkleber erhältst du auch auf www.mindzed.de)

**WOHER STAMMT DER SPRUCH:
„EIN DICKES FELL HABEN"?**

NOTIZEN

Kapitel 10

Fast geschafft!

„Mancher glaubt am Ende seine „Lüge“ selbst, wenn er sie nur oft genug wiederholt hat.“

Ekkehart Mittelberg

Tag 67 - 77
+ 7. Erfolgsgewohnheit
Tägliche Affirmationen

Wie du bereits festgestellt hast, geht es neben dem Ausbruch aus der Komfortzone in diesem Buch vor allem auch darum sein Mindset, also die innere Einstellung und die damit einhergehenden Gedanken, positiv zu beeinflussen. Dies wiederum spiegelt sich in unseren Gefühlen wider, die letzten Endes für unsere Handlungen hauptverantwortlich sind. Sind wir also in der Lage, auf unsere Gedanken – und Gefühlswelt gezielt Einfluss zu nehmen, haben wir die Macht darüber, in welche Richtung unser Leben verlaufen wird. Hierbei spielt die Kraft der Affirmation eine wesentliche Rolle. Eine Affirmation ist im Grunde eine Aussage, die Einfluss auf uns nimmt.

Demnach sind so ziemlich alle Aussagen, die auf uns bezogen sind, Affirmationen. Hier spielt es auch keine Rolle, ob wir etwas von außen gesagt bekommen oder ob wir etwas zu uns selbst sagen bzw. wie wir über uns selbst denken. Bei der selbst gesprochenen Affirmation handelt es sich um die sogenannte *Autosuggestion*. Bei Aussagen, die unser Umfeld über uns tätigt, spricht man hingegen von der *Heterosuggestion*.

Eine Affirmation ist eine Aussage, die Einfluss auf uns nimmt.

Wie wir in den vorherigen Kapiteln gelernt haben, saugt unser Gehirn vor allem im Kindesalter, so ziemlich alle Erfahrungen und Aussagen auf, mit denen es konfrontiert wird. Daraufhin prägt sich wiederum das Selbstbild des Menschen. Es ist wichtig zu verstehen, dass das Selbstkonzept durch diese Aussagen, Suggestionen (Affirmationen) und Erfahrungen geformt wird und dass alle Handlungen, die wir im weiteren Leben tun oder unterlassen, darauf beruhen, wie wir uns selbst sehen. Sehen wir uns selbst z. B. als lustigen Menschen, weil wir andere Menschen um uns herum zum Lachen bringen konnten und man uns daraufhin gesagt hat, man wäre lustig, versuchen wir unbewusst, genau dieses Verhalten regelmäßig an den Tag zu legen, um unser Selbstbild zu bestätigen.

Dein Selbstbild

Jeder von uns hat ein bestimmtes Selbstbild. Dieses Bild ist dafür verantwortlich, wie du dich selbst siehst und wie du dich einschätzt. Es beruht zum einen auf unsere Erfahrungen, die wir in unserer Vergangenheit erlebt haben, wie wir auf diese reagiert haben und auch auf den Dingen, die unser Umfeld in frühen Kindheitstagen zu uns gesagt hat. Wie wir bereits gelernt haben, kann unser Gehirn in den ersten Jahren unseres Lebens nicht bewusst unterscheiden, ob etwas wahr ist oder nicht.

Am meisten jedoch verinnerlicht es die Erfahrungen, die in Bezug zu den Menschen stehen, die wir am meisten lieben. Das sind allen voran unsere Eltern, unsere Geschwister, Großeltern, Verwandte und Freunde. Unser Selbstbild wird also geprägt durch Aussagen und Erlebnisse, die unser Umfeld auf uns bezieht.

Im Laufe der Zeit entwickeln wir uns allmählich zu dem Menschen, der die Erwartungen unserer Umwelt bestätigt. Sagen einem die Eltern regelmäßig und auf ehrliche Weise, wie sehr sie deinen Fleiß und deine Lernbereitschaft schätzen, wirst du immer mehr versuchen, genau dieses Selbstkonzept zu bestätigen. Das bedeutet, du wirst dich selbst als fleißigen und lernwilligen Menschen sehen, der dann die entsprechenden Handlungen umsetzt, die dieses Konzept von dir selbst erfüllen. Diese Erfahrung bestätigt dann wiederum deine Ansicht über dich selbst.

Auch das kannst du dir wieder wie eine Software vorstellen, die man auf einem Computer installiert. Jedoch bist du selbst nicht derjenige, der die Installation vornimmt, sondern dein Umfeld und allen voran deine Eltern. Genauso, wie man einem Kind dabei helfen kann, ein positives Selbstbild zu kreieren, ist es aber dementsprechend auch möglich, negative Glaubenssätze in das Selbstkonzept des Kindes zu übertragen.

Dies geschieht vorwiegend durch negative Äußerungen, die auf uns gerichtet sind. Kritisieren uns unsere Eltern beispielsweise dafür, wie unordentlich es in unserem Kinderzimmer („Saustall") aussieht, installieren wir die Software namens „Unordnung" in unser Selbstbild und versuchen genau wie oben, diesen Teil der Software in unserer Realität wahr werden zu lassen. So schaffen wir unbewusst immer wieder Situationen, in denen in unserem Kinderzimmer Chaos herrscht, das wiederum durch unser Selbstbild bestätigt wird. Wie du merkst: ein Teufelskreis, den es zu brechen gilt.

Genauso verhält es sich auch, wenn man immer wieder gesagt bekommt, dass man für bestimmte Aktivitäten oder Herausforderungen einfach „noch zu klein" wäre. Anstatt die Neugierde und den Mut des Kindes zu fördern, hält man das Kind aus Angst, dass etwas Schlimmes passieren könnte, zurück, indem man ihm sagt, es wäre „noch zu klein". Auch dies ist eine fatale Aussage, da man in dem jungen Menschen den Glaubenssatz installiert, für sämtliche Herausforderungen „noch zu klein zu sein."

Was passiert also in späteren Jahren, wenn der Mensch, dem man in seiner Kindheit immer wieder gesagt hat, er wäre „noch zu klein", einer schwierigen Aufgabe gegenübersteht? → Er sieht sich selbst als zu klein, um diese Aufgabe bewältigen zu können. Anstatt mit Mut, Selbstvertrauen und Entschlossenheit ein Problem zu lösen, etwas zu unternehmen oder sich selbständig zu machen, verharrt er dort, wo er steht und bewegt sich keinen Millimeter vorwärts. Er sieht sich selbst einfach für nicht groß genug, um es anzugehen. Und sollte er es doch tun, wird er bei der Herangehensweise jederzeit im Hinterkopf haben, dass er dafür nicht geeignet ist. Erfolge stellen sich demnach nur schwer ein und dies wiederum bestätigt ihn in seinem Glauben über sich selbst. Erkennst du so langsam, wie mächtig diese negativen Samen sind, die wir jungen Kindern in ihre Köpfe pflanzen? Natürlich hatten unsere Eltern bei alledem nichts Böses im Sinn, denn vor allem wollten sie uns vor den „Gefahren des Lebens" schützen. Sie meinten es wäre gut, die Energie, den Lebensgeist und den Forscherdrang zurückzuhalten, weil sie sich in ihren ängstlichen Zukunftsgedanken die schlimmsten

Szenarien ausmalen. Genau hier sind wir auch wieder am Punkt der Unbewusstheit der Gedanken angelangt. Natürlich sollte man das Kind vor gefährlichen Situationen schützen. Doch sind dies in den meisten Fällen doch eher von uns selbst kreierte Schreckensszenarien, die in der Realität wohl kaum auftreten.

Anstatt dem Kind also negative Glaubensmuster in sein Selbstbild zu integrieren, sollten wir es aufbauen und ermutigen. Wir sollten ihnen positive Affirmationen in ihren noch unbefleckten Geist installieren. Aussagen wie: Du schaffst das! Du bist wundervoll! Ich liebe dich! Ich vertraue dir! Du kannst das! Jede solcher Aussagen lässt das Kind wachsen und zu einem wertvollen Menschen werden. Zu jemandem, dem es Spaß macht, Herausforderungen zu meistern, anstatt sie zu meiden. Lass das Kind positive Erfahrungen sammeln und bestärke es danach in dem, was es erlebt hat: Das hast du toll gemacht! Wahnsinn, wie schnell du lernst! Ich bin so stolz auf dich!

Bist du nicht auch der Meinung, dass solche Aussagen, das Selbstbild und das Selbstvertrauen eines Kindes sehr viel mehr aufbauen und positiv beeinflussen als zum Beispiel Worte wie „Du kannst das nicht!"?

> Jeder sollte den Drang danach verspüren mehr über sich selbst und über das Leben zu erfahren.

Anstatt das Selbstvertrauen des Sohnes oder der Tochter zu

mindern, sollten wir die Situation genau analysieren und wenn die Herausforderung dann tatsächlich noch zu groß sein sollte, könnte man das dem Kind zum Beispiel wie folgt mitteilen: „Hör zu, mein Kind, ich finde es toll, dass du diese Herausforderung angegangen bist. Ich glaube sehr, dass du das Ganze in wenigen Monaten oder Jahren, wenn du älter bist, schaffst! Jetzt ist aber noch nicht der richtige Zeitpunkt, lass es uns daher gerne in einem Jahr noch mal probieren, dann bin ich mir sicher, dass du es packst!" Merkst du den Unterschied, der in diesen Worten liegt? Es obliegt natürlich dir, wie du diese Aussage formulierst, sieh jedoch zu, dass sie auf den Menschen positiv und aufbauend wirkt.

Indem wir es schaffen, Bewusstheit in unserer Kommunikation und unseren Taten gegenüber unseren Kindern zu wahren, tragen wir dazu bei, bessere Generationen heranzuziehen. Dies kann jedoch nur dann geschehen, wenn sich die Menschen darüber klarwerden, wie ihr Verstand funktioniert und reagiert. Allein Deshalb sollte jeder den Drang danach verspüren mehr über sich selbst und über das Leben zu erfahren. Wären sich die Menschen ihrer Taten und Aussagen jederzeit bewusst, würden sie vermutlich vieles Überdenken, bevor sie etwas tun oder aussprechen. Sie sollten sich viel eher auf die Suche nach der besten Version von sich selbst machen, denn diese Version weiß, wie sie mit anderen Menschen und vor allem mit Kindern umzugehen hat.

Deine persönlichen Mindzed-Affirmationen

Natürlich. Affirmationen können dir dabei helfen, dein Selbstbild, deine Glaubenssätze und dein Selbstvertrauen zu verbessern. Es ist aber auch wichtig zu begreifen, dass eine positive Autosuggestion nicht in der Lage ist von heute auf morgen Wunder zu bewirken. Wie bei allen Fortschritten im Leben stellen sich wahrnehmbare Erfolge vermutlich erst nach Monaten, vielleicht sogar auch erst nach Jahren ein. Erwarte deshalb bitte keine Verwandlungen innerhalb kürzester Zeit. Veränderungen in deinem Bewusstsein passieren immer schrittweise, nie plötzlich. Vertraue also dem Prozess der regelmäßigen Ausübung und schenke dem Ganzen deinen Glauben. Die geduldige Arbeit an der Verbesserung deiner eigenen Persönlichkeit wird sich auf lange Sicht gesehen definitiv auszahlen.

Wie soll man vorgehen?

Generell ist hier zu sagen: Es gibt kein Patentrezept. Am besten wirken Affirmationen, wenn sie entweder kurz nach dem Aufstehen oder kurz vor dem Einschlafen verinnerlicht werden. Das liegt an den bereits erwähnten Alpha-Wellen unseres Gehirns. Du kannst dir aber auch zu jeder anderen Tageszeit deine Affirmationen für einige Minuten wiederholen. Ich selbst sage sie mir zum Beispiel während längeren Autofahrten immer wieder für einige Minuten auf. Zudem lese ich sie mir im Bett nochmal durch bevor ich das Licht ausmache und schlafen gehe.

Schreibe dir am Besten eine kurze Liste von den fünf wichtigsten Eigenschaften auf, die du an dir und in deinem Leben verbessern möchtest. Finde zunächst heraus, in welchen Situationen du in deinem Alltag zum Beispiel gerne mehr Selbstvertrauen an den Tag legen möchtest. Denke an vergangene Momente, in denen du gerne mit mehr Selbstbewusstsein reagiert hättest. Welche Herausforderungen existieren in deinem Leben momentan? Welche Umstände möchtest du gerne verbessern? Welche positive Charaktereigenschaft würdest du dir gerne aneignen? Schreibe alles auf, was du gerne optimieren möchtest und formuliere so deine ganz persönlichen Affirmationen.

Achte bei der Formulierung immer darauf, dass der Satz positiv und im Präsens ausgedrückt ist. Hier ein paar Beispiele: „Ich freue mich jeden Tag mehr über meinen Optimismus.“ „Mein Selbstvertrauen ist überwältigend.“ „Ich bin positiv und strahle vor Freude.“

Negative Formulierungen würden z. B. lauten: „Ich möchte nicht immer so pessimistisch sein.“ „Ich fühle mich in der Gegenwart anderer nicht nervös.“

Es ist wichtig, auf diese Regeln bei der Bildung deiner persönlichen Affirmationen zu achten, denn dein Unterbewusstsein kennt das Wort „Nicht“ nicht. Es weiß schlichtweg nichts mit dem Wort anzufangen.

Das bedeutet, sobald du dir immer wieder sagst „Ich möchte nicht nervös sein." versteht dein Unterbewusstsein wiederum genau dies als Aufforderung: „Ich möchte ~~nicht~~ nervös sein." Es ist ausschließlich in der Lage, positive Formulierungen zu verinnerlichen.

Streiche also das Wort „nicht" in diesem Zusammenhang aus deinem Wortschatz. Fühle auch selber mal in eine negativ formulierte Affirmation hinein. Hier erkennst du sehr gut, wie eine solche Aussage emotional wirkt. Denke an dieser Stelle bitte mal „nicht" an einen rosafarbenen Elefanten. Denke bitte auch nicht an seinen langen Rüssel. Des Weiteren denke bitte nicht daran, wie dieser rosafarbene Elefant sich tanzend im Kreis dreht. Verstehst du nun, dass das Wort „Nicht" für unseren Verstand nicht greifbar ist? Denn wenn wir „nicht" an etwas denken sollen, müssen wir uns das „nichtgedachte" zuerst einmal geistig ausmalen, damit unser Verstand weiß, an was er „nicht" denken soll. Genau hier liegt das Dilemma. Um das Ganze auf den Punkt zu bringen: Streiche bei der Kreation deiner Mindzed-Affirmationen das Wort „nicht" aus deinem Vokabular.

Dein Unterbewusstsein kann nicht zwischen Lüge und Wahrheit unterscheiden.

Des Weiteren solltest du bei der Formulierung immer im Präsens, also in der Gegenwart bleiben. Wie du bereits erfahren hast, kann unser Unterbewusstsein von Lüge und Wahrheit nicht unterscheiden.

Das kann nur unser bewusster Verstand. Dies aber auch nur subjektiv und auf Grundlage unserer bisherigen Programmierungen. Der bewusste Verstand kategorisiert also eine Information entweder als Wahrheit oder als Unwahrheit ein, je nachdem, wie er „gepolt" ist. Das bedeutet, mit welchen Informationen er programmiert wurde und welche Glaubenssätze ihm zugrunde liegen.

Ganz anders verhält es sich hierbei mit unserem Unterbewusstsein.

Es akzeptiert ausnahmslos alles, mit dem wir es konfrontieren. Das ist Segen und Fluch zugleich. Denn wenn wir uns dessen nicht bewusst sind, achten wir häufig nicht darauf, welche Information wir in unseren Geist hineinlassen. Diese Information, ob positiv oder negativ, wird wiederum ein Teil von uns. Ob sie nun wahr ist, oder eben nicht. Sie wird zu einem kleinen Datensatz in dem Gesamtkonstrukt unseres Geistes, aus dem wiederum unsere Gedanken und Emotionen entspringen.

Gib also darauf Acht, welcher Gast an deiner Tür klopft und pass vor allem darauf auf, wen du da hereinlässt.

Einer Diebesbande, die dein zu Hause verwüstet und ausraubt, würdest du mit Sicherheit nicht die Türe öffnen. Weshalb solltest du dann negative Informationen deinem Geist Zutritt gewähren, die darin Unordnung stiften?

Wenn du nun also deine aktuelle „Baustelle“ herausgefunden hast, die du in Ordnung bringen möchtest, formuliere deine Affirmation so, als wäre sie bereits ein Teil deiner Realität. Wie gesagt, ob du sie nun selbst glaubst oder nicht, spielt an dieser Stelle keine Rolle. Durch die kontinuierliche, fortwährende Wiederholung wird die getätigte Aussage immer mehr Teil deiner Wahrnehmung. Sie wird also Teil deines Unterbewusstseins, deiner Gedanken, deiner Emotionen und schlussendlich, Teil deiner Handlungen.

Wenn du aber eine Aussage von dir selbst in der Zukunft formulierst, versteht es dein Unterbewusstsein auch wiederum genauso. Es wird dich also entsprechend handeln lassen, wie wenn das Gesagte noch nicht passiert ist, sondern noch in der Zukunft läge. Das was noch nicht passiert ist, kann wiederum nicht eintreten, da es ja noch nicht passiert ist. Sagst du dir selbst also z. B.: „Ich werde glücklich sein.“ – nimmt dein Unterbewusstsein es genauso an. Du kannst also nicht glücklich „sein“, wenn du erst glücklich „wirst“. Denn wenn du erst glücklicher werden musst, kannst du es ja im jetzigen Moment noch nicht sein.

Im Folgenden findest du einige Beispiele für positive Affirmationen. An diesen kannst du dich bei der Kreation deiner eigenen Mindzed Affirmationen gerne orientieren. Finde zunächst deine eigene „Baustelle“ heraus und frage dich daraufhin was du in deinem Leben gerne verbessern möchtest. Im Anschluss wandelst du das Ganze einfach ins Gegenteil um.

Problem: Ich bin faul und träge.
Affirmation: „Ich bin voller Fleiß und Tatendrang."

Problem: Ich fühle mich oft niedergeschlagen.
Affirmation: „Ich fühle mich großartig."

Problem: Ich bin häufig pessimistisch und negativ.
Affirmation: „Ich strotze vor positiver Energie."

Problem: Mir fällt es schwer in Aktion zu treten.
Affirmation: „Ich bin souverän und setze Dinge in die Tat um."

Problem: Ich mache mir Sorgen und grüble viel.
Affirmation: „Meine Gedanken sind voller Harmonie."

Problem: Ich fühle mich klein und schwach.
Affirmation: „In mir steckt alle Kraft und Stärke dieser Welt."

Problem: Ich bin unzufrieden mit mir selbst.
Affirmation: „Ich mag mich.

Affirmation + Emotion = Verankerung

Zu guter Letzt möchte ich noch darauf eingehen, weshalb es von entscheidender Bedeutung ist, deiner Affirmation die notwendige Prise Emotion beizufügen. Genau die Emotion, die deiner Affirmation auch tatsächlich entspricht.

Sicher ist es dir schon einmal passiert, dass du einige Zeilen in einem Buch gelesen hast und während du diese Zeilen gelesen hast, warst du mit deinen Gedanken und deinem Bewusstsein auf einmal völlig woanders. Du bist im wahrsten Sinne des Wortes abgedriftet. Vielleicht hast du sogar schon mal eine ganze Seite gelesen ohne zu bemerken, dass du das Gelesene überhaupt nicht „wahr" nimmst.

> Behandle deine Affirmationen so, als würde dein Leben davon abhängen.

Frage dich: Wie viel von dem, was du in jenem Moment gelesen hast, hättest du danach noch frei wiedergeben können? Vermutlich wenig bis gar nichts, richtig? Das bedeutet, dass du das was du gelesen hast zwar oberflächlich gesehen, jedoch weder verinnerlicht, noch gefühlt oder verstanden hast. Genauso verhält es sich auch beim Lesen deiner Affirmationen. Lies sie nicht nur damit du sie gelesen hast. Sei dir darüber im Klaren, dass sich hinter dieser Methode der Selbstoptimierung eine ungeheure Kraft verbirgt, sofern du sie verstehst und richtig anwendest. Behandle diese Sätze deshalb so, als würde dein Leben davon abhängen. Gewissermaßen tut es das nämlich.

Sei dir über jedes geschriebene Wort bewusst. Mache dir klar, welch lebensverändernde Auswirkung jedes einzelne Wort, mit dem du deinen Geist konfrontierst, haben kann. Lies deine Affirmation, als wäre sie bereits ein Teil deiner Wahrheit. Als wäre sie ein fester Bestandteil deines Selbstbildes. Das, was du dort niedergeschrieben hast, ist bereits geschehen. Du lebst es bereits. Jedes Wort ist ein Teil von dir und deinem Leben. Betrachte die niedergeschriebenen Sätze genau aus diesem Blickwinkel und füge ihnen dann die entsprechende Emotion hinzu.

Das Wort Emotion bedeutet nichts anderes als „Energie in Bewegung" – „Energy in motion". Unser Geist schafft also in unserem Körper eine bewegende Energie, die uns dazu veranlasst, Handlungen zu unternehmen. Gleichzeitig sind aber auch die Dinge, die wir tun oder nicht tun, ausschlaggebend dafür, welches Gefühl in uns entsteht. Sie kann also innerlich, aber auch äußerlich erzeugt werden. Durch unser Denken, durch äußere Einflüsse, auf die wir mit unserem Denken „reagieren", aber auch durch selbst unternommene Handlungen. Bringst du bspw. deinen Körper in Bewegung, bringst du deinen Geist und damit auch deine Emotionen in Bewegung. Dadurch hast du mehr innere Energie zur Verfügung, die dich wiederum zu bestimmten Gedanken und

Handlungen bewegt. In dem Satz „Wer rastet, der rostet." liegt also mehr Wahrheit, als es auf den ersten Blick den Anschein macht. Für unsere Motivation ist unsere Emotion von entscheidender Bedeutung und diese wiederum können wir gezielt beeinflussen.

Wenn du dir also mit deinen Affirmationen die entsprechenden Bilder im Geiste ver-sinn-bild-lichst,schaffst du dir die nötigen Gefühle, die sich zum einen in dir verankern und die dich zum anderen in Bewegung versetzen und motivieren, entsprechende Taten walten zu lassen.

Ein kurzer Ausflug in die Metaphysik

Alles was ist, besteht aus Energie und schwingender Materie. Selbst unser Körper, den wir mit unseren Augen und Sinnen nur als etwas Physisches wahrnehmen, besteht letzten Endes aus Schwingung. Diese Schwingung lässt sich mithilfe unserer Emotionen beeinflussen. Sind wir gut gelaunt, glücklich und voller Liebe, ziehen wir durch das *Gesetz der Anziehung* Dinge in unser Leben, die das bestätigen, was wir fühlen. Wir schwingen in jenem Moment mit den Dingen auf einer Frequenz, die dieser Frequenz entsprechen. Du kannst dir das wie einen Radiosender vorstellen. Die Dinge, die dich höher schwingen lassen, schwingen auf genau derjenigen Frequenz.

Jeder Augenblick, den du erlebst, ist eine Manifestation dessen, was du in deinem Leben denkst und fühlst. Diesen Ausdruck der Schwingung kannst du sogar selbst spüren, wenn du enthusiastisch, glücklich, freudig, friedlich oder voller Tatendrang bist. Achte beim nächsten Mal darauf, wenn du dich in einer dieser entsprechenden Emotionen befindest. Das positive Gefühl, das sich in dir ausbreitet, ist nichts anderes als eine höherschwingende Energie. Welche Schwingung wir nun regelmäßig in uns hervorrufen, bestimmt, auf welcher Frequenz wir unser Leben leben und welche Dinge wir auf dieser Frequenz in unser Leben ziehen. Halte dir vor Augen: Das Prinzip der Anziehung ist immer neutral. Es kann dir dabei helfen, das in dein Leben zu ziehen, was du gerne möchtest. Gleichzeitig kann es dir aber auch genau das bescheren, was du nicht möchtest. Für die Anwendung, ob bewusst oder unbewusst, bist einzig und allein du selbst, durch deine in dir erschaffenen Gedanken und Emotionen verantwortlich.

Bist du alleinstehend und möchtest du zum Beispiel einen Partner an deiner Seite, ist es wichtig, in diejenige Emotion einzutauchen, die dem Gefühl der Partnerschaft und Liebe entspricht. Viele Menschen fühlen sich „allein", sobald sie einen Partner verlieren, der jahrelang an ihrer Seite war, weil sie zu sehr in der Erinnerung an das was war, leben, anstatt im jetzigen Moment die Emotion zu erzeugen, die notwendig wäre um eine neue Partnerschaft in ihr Leben ziehen zu können. Sie übergeben dem Universum die Information des Alleinseins, je mehr sie sich alleine fühlen. Und je mehr Energie der Mensch dieser Emotion gibt, desto mehr erhält er in seiner Realität dies als Bestätigung wieder.

Begibt sich der Mensch hingegen in diejenige Emotion, die er fühlen würde, wenn er sie bereits in seinem Leben erleben würde, begibt er sich auf die Frequenz, die es ihm ermöglicht, dies auch in seiner tatsächlichen Realität zu erleben.

Jetzt kann es passieren, dass der Mensch jemanden durch „Zufall" kennenlernt, der genau dem entspricht, den er oder sie sich gewünscht hat. Verharrt man aber jeden Tag aufs

Neue in der gleichbleibenden Emotion des „Alleinseins", passiert genau das. Man bleibt allein. Sei dir bewusst, du bist durch deine vorherrschenden Gedanken und Emotionen der verantwortliche Schöpfer deiner Realität. Wie beim Tauziehen ziehst du das an, was du emotional in dir erzeugst und gleichzeitig bewegst du dich unbewusst in genau diese Richtung. Du unternimmst plötzlich Dinge, für die du dich früher nicht motivieren konntest. Du bist auf einmal bereit, aus deiner Komfortzone auszubrechen und Dinge in die Tat umzusetzen, die dich deiner gewünschten Realität näherbringen. Du kommst auf neue Ideen, die dir zuvor nicht in den Sinn kamen und somit gehst du neue Wege und hinterlässt neue Spuren. Wie durch ein Wunder triffst du plötzlich auf

Dein Gehirn ist ein nicht in Worte zu fassender Supercomputer.

genau das, was du dir zuvor gedanklich und emotional vorbereitet hast.

Fragen wecken Emotionen

Hast du dir selbst schon mal bestimmte Fragen gestellt, um deine Situation zu verbessern? Fragen steuern deine Aufmerksamkeit und helfen dir dabei, die Emotion zu finden, die du benötigst, um in die gewünschte Richtung zu gehen und die für dich richtigen Ereignisse in dein Leben zu ziehen. Hier ist es wichtig zu begreifen, weshalb Fragen so einen immensen Einfluss auf unser Denken und unsere Emotionen haben: Dein Gehirn ist ein nicht in Worte zu fassender Supercomputer, der sich jedes Mal, wenn du dir selbst eine Frage stellst, automatisch auf die Suche nach der Beantwortung dieser Frage begibt.

Er ist wie eine Suchmaschine, die die Datenbank sämtlicher Informationen, die du tief in dir abgespeichert hast, durchforstet, bis er eine passende Antwort auf die gestellte Frage findet. Dadurch kannst du mit den richtigen Fragen deine Gedanken und Emotionen steuern.

Möchtest du zum Beispiel eine Emotion der Liebe und Partnerschaft in dir hervorrufen, um genau diese in dein Leben zu ziehen, ist es entsprechend sinnvoll, eine Frage zu stellen, die wiederum genau darauf ausgerichtet ist.

Beispiel: *„Wie würde ich mich fühlen wenn ich einen Partner an meiner Seite hätte, der mich liebt?"*
„Wie würde ich mich fühlen, wenn ich in einer glücklichen Partnerschaft wäre, die mich erfüllt?"
„Was würde es für mich bedeuten, die Frau/den Mann meiner Träume an meiner Seite zu haben?"

In dem Moment, in dem du diese Frage liest, entsteht bereits die entsprechende Emotion. Dein Gehirn sucht und findet die Antwort, indem es dich diese vorgestellte Situation emotional empfinden lässt. Du hast die Frage kaum fertiggelesen und schon entstehen bestimmte Bilder, die mit derjenigen Emotion verknüpft sind. Probiere es ruhig aus, es funktioniert mit jeder Frage, die du dir stellst. Egal was du also in deinem Leben verbessern möchtest, die richtigen Fragen führen zu den richtigen Antworten.

Sei dir aber auch hier wieder darüber im Klaren, dass dies sowohl im Positiven als auch im Negativen gilt.

Wenn du dich beispielsweise fragst: *„Warum passiert das immer mir?"* – wirst du auch dann die entsprechende Emotion fühlen, die dir die Antwort darauf gibt. Dein Gehirn sucht dann nach all den Situationen, die dir diese Frage beantworten. Wir ernten, was wir säen. Wie im Inneren, so im Äußeren. Achte also auf die Fragen, die du dir selbst immer und immer wieder stellst. Deine Fragen erzeugen Emotionen. Deine Emotionen bestimmen deine Frequenz.

Deine Frequenz entspricht deiner Schwingung. Und deine Schwingung bestimmt dein Schicksal.

Unbewusst erfolgreich?

Wie kann es nun sein, dass es Menschen gibt, die, obwohl sie keinerlei Kenntnis über diese geistigen und universellen Gesetzmäßigkeiten haben, trotzdem ein wundervolles und von Glück erfülltes Leben führen? Ist es möglich, dass man auch ohne dieses Wissen in der Lage ist, Erfolg und Lebensglück in sein Leben zu ziehen? Selbstverständlich ist es das. Eine solche Gesetzmäßigkeit existiert immer und in jeder Sekunde. Genau wie die Schwerkraft ebenfalls zu jeder Zeit wirkt, ob du sie nun genau verstehst oder nicht. Jedes Mal, wenn du nach oben springst, wirst du feststellen, dass dich die Schwerkraft wieder nach unten ziehen. Jedes Mal, wenn du einen Apfel fallen lässt, wirst du zusehen, wie sich dieser nach unten bewegt. Die Schwerkraft existiert ohne, dass du sie siehst und auch ohne, dass du weißt wie sie funktioniert oder wie man sie berechnet.

> Zufall ist das was dir zufällt, aufgrunddessen was du die meiste Zeit denkst und wie du dich fühlst.

Genauso verhält es sich auch mit dem Gesetz der Anziehung. Es wirkt in jedem einzelnen Augenblick deines Lebens. Du ziehst das in dein Leben, was du denkst und fühlst, ob du nun daran glaubst oder nicht. Sollte ein Mensch nun außerordentlich glücklich und erfolgreich durchs Leben gehen, ohne diese Gesetzmäßigkeiten zu kennen, geschieht dies aufgrund der Tatsache, dass sich dieser Mensch unbewusste Denk- und Verhaltensweisen angeeignet hat, die in ihm die Gefühle auslösen, die ihn entsprechend handeln lassen und die ihm durch „Zufall" das bescheren, was sich derjenige wünscht.

Zufall ist das, was dir zufällt,
aufgrund dessen, was du die meiste Zeit denkst
und wie du dich fühlst.

Übung macht den Meister!

Wenn du nun dein Leben mittels Affirmationen verbessern möchtest, musst du wissen, dass es nicht ausreicht, für fünf Minuten pro Tag an das zu denken, was du erreichen möchtest um danach wieder in dein unbewusstes Gedankenkarussell einzusteigen, das dein Leben zu dem gemacht hat, was es momentan ist.

Geistige Programmierung bedeutet Arbeit. Es bedeutet Geduld. Vor allem aber bedeutet es Achtsamkeit. Achtsam mit deinen Gedanken und Gefühlen zu sein. Zu erkennen, wenn du in einen unbewussten Gedanken- und Gefühlszustand abdriftest. Zu agieren statt zu reagieren. Mache dir deshalb die Macht der Auto-Suggestion zunutze und übe so oft du nur kannst. Denke daran: Übung macht den Meister!

Meine tägliche Mindzed Affirmation:

Ich bin voller positiver Energie,
kreativen Gedanken, liebevollen Worten
und herausragenden Taten.

Mindzed Tipp #10

Kombiniere eine bestimmte Tätigkeit mit dem Aufsagen deiner Mindzed-Affirmation. z.B., wenn du unter der Dusche stehst. Wenn du den Zündschlüssel im Auto umdrehst. Wenn du ein Glas Wasser trinkst, etc. So erinnerst du dich im Laufe deines Alltags immer wieder an die zu verankernden neuen Programmierungen und holst sie dir damit in dein Bewusstsein.

WELCHE FÖRDERLICHEN GLAUBENSSÄTZE HÄTTEST DU GERNE BEREITS ALS KIND VERINNERLICHT?

NOTIZEN

Kapitel 11

Endspurt!

„Logik bringt dich von A nach B. Deine Fantasie bringt dich überall hin."

Albert Einstein

Tag 78 – 88
+ 8. Erfolgsgewohnheit
Tägliche Visualisierung

Du bist ein lebendiger Magnet. Ob du es nun glaubst oder nicht. Die Frequenz, die du in das Leben ausstrahlst, ziehst du wiederum in deine Realität zurück. Ist dein Mindset überwiegend positiv ausgerichtet, legst du also eher eine optimistische und förderliche Geisteshaltung an den Tag, wirst du Dinge in die Tat umsetzen, die genau dem entsprechen und du wirst dich gleichzeitig auf der richtigen Frequenz bewegen, die dir das verschafft, was du dir wünschst. Die positive Kraft der Visualisierung kann dir an dieser Stelle eine große Hilfe sein. Grundsätzlich sind Affirmationen bereits „kleine Visualisierungen". Sie wirken vor allem dann, wenn man sich die getroffenen Aussagen bildlich und emotional im Geiste vorstellt. Visualisierung hingegen bedeutet, sich seine gewünschte Zukunft in Gedanken und Emotionen so deutlich auszumalen wie es nur geht. Bei der Visualisierung gehst du ins Detail. Wie bei einem Bauplan, bei dem du dir noch vor Baubeginn gedanklich ausmalen musst, wie das Endprojekt auszusehen hat.

Visualisierung und dein Unterbewusstsein

Wie wir bereits wissen, kreisen 90 Prozent unserer täglichen Gedanken und Gefühle um die selben Themen. Also Dinge, an die wir gestern, vorgestern und letzte Woche bereits gedacht haben. Aufgrund unserer Emotionen, die mit unseren Gedanken in Verbindung stehen, ist auch unsere emotionale Frequenz zu 90 Prozent immer die Gleiche.

Der Mensch lebt im Durchschnitt 80 Jahre jeden Tag das gleiche Leben. Mit einer Abweichung von 10 Prozent. Er hat den gleichen Job, tut die gleichen Dinge, umgibt sich mit den gleichen Menschen, verfolgt die gleichen Gewohnheiten, sagt die gleichen Sätze, denkt die gleichen Gedanken und fühlt die gleichen Emotionen. Willkommen im Hamsterrad des Lebens.

Um unsere Emotionen langfristig umzupolen, ist es also notwendig, auf unsere vorherrschenden

Gedanken und Emotionen gezielt Einfluss zu nehmen. Durch die Methode der täglichen Visualisierung ist es möglich, unseren Gefühlszustand in eine positive Richtung zu lenken und unseren Fokus auf das zu richten, was wir uns für unsere Zukunft wünschen.

Unser Gehirn bzw. das Unterbewusstsein ist nicht in der Lage, zwischen Realität und bildhafter, emotionaler Vorstellung zu unterscheiden. Dies merkst du vor allem dann, wenn du in Gedanken versunken bist und im selben Moment in dir die entsprechende Emotion entsteht. Dein Körper reagiert immer. Du kannst dich sicher an das Beispiel der Zitrone erinnern. Sobald du dir diese Zitrone auch nur vorstellst, reagiert dein Körper mit der entsprechenden Speichelproduktion. Es ist demnach vollkommen egal, ob du sie nun in der Realität isst, oder ob du dir nur vorstellst, wie du sie isst. Genauso verhält es sich mit allen anderen Gedanken und Emotionen. Du kannst dein Unterbewusstsein also nicht täuschen. Es nimmt alles an, was du ihm eingibst. Ob von außen oder von innen.

Hieran erkennst du, welche Bedeutung es für dich haben kann, wenn du dir täglich deine Ziele, Träume und Wünsche visualisierst. Stellst du dir die gewünschte Zukunft regelmäßig gedanklich und emotional vor, hält sie dein Gehirn und dein Unterbewusstsein für wahr. Dies wiederum lässt dich die entsprechende Emotion fühlen, steigert den Tatendrang in dir und befördert dich auf die entsprechende

Frequenz, auf der es möglich ist, diese Ziele zu erreichen. Langfristig programmierst du dadurch dein Unterbewusstsein so um, dass es für dich ganz normal ist, jene förderlichen Gedanken und Gefühle zu hegen.

Statt einer pessimistischen Geisteshaltung wirst du immer optimistischer, kreativer und lösungsorientierter. Gedanken der Negativität kommen seltener in dir hervor und werden stattdessen mit positiven Gedanken ersetzt. Du wirst diesen Prozess nicht schlagartig bemerken. Es ist ein stetiger und fortlaufender, fast unsichtbarer Vorgang, der seine Zeit braucht. Vergleichst du das Gestern mit dem Heute, wirst du kaum sichtbare Fortschritte erkennen. Vergleichst du aber Monate oder Jahre, wirst du erstaunt darüber sein, welche Entwicklung du gemacht haben wirst.

Dein Fokus entscheidet

Stelle dir einmal bitte folgendes Szenario vor: Du befindest dich in einem Raum und um dich herum existiert pure Dunkelheit. Du siehst nichts. Absolute Finsternis. Du irrst umher und weißt nicht wohin. Da du nichts siehst, kannst du dich nicht orientieren. Ob du im Kreis gehst, oder womöglich auf einen Abgrund zusteuerst, weißt du nicht. Plötzlich erkennst du in weiter Ferne ein kleines Licht. Aufgrund der dich umgebenden Dunkelheit bist du nicht in der Lage zu erkennen, wie weit dieses Licht von dir entfernt ist. Da dies jedoch das Einzige ist, das du aktuell siehst, machst du dich auf den Weg, dieses Licht zu erreichen.

Stelle dir nun vor, die Dunkelheit, steht symbolisch für all deine Sorgen, Probleme, Ängste und Schmerzen, die dir in deinem Leben aktuell begegnen oder begegnet sind. Das Licht hingegen steht für ein Leben in Überfluss, Liebe, Glück und Freiheit. Es steht für deine Vision und das Ziel, das du in deinem Leben verwirklicht sehen willst. Wie gelangst du am schnellsten an diesen Ort? Indem du die Dunkelheit um dich herum ausblendest und deine volle Aufmerksamkeit und deinen Fokus auf das Licht richtest. Konzentriere dich nicht auf die Dunkelheit. Ziehe deine Energie von ihr ab. Durchschreite sie, gehe duch den Schmerz hindurch, behalte aber immer dein Ziel vor Augen. Wenn du also aktuell vor gewissen Hürden in deinem Leben stehst. Tue alles was notwendig ist, um diese Herausforderungen zu überwinden. Schenke dem Problem jedoch keine große Emotion. Richte deinen Blick stattdessen auf das, was du dir wünschst und begib dich emotional in das gewünschte Ergebnis. Dein Fokus bestimmt deine Energie!

Wie du aus negativen Emotionen ausbrichst

Natürlich ist es immer leichter gesagt als getan, sich hinzusetzen und sich etwas bildlich und emotional vorzustellen. Wenn das Thema Mentaltraining Neuland für dich ist, kann es sehr gut sein, dass du dich gerade am Anfang aufgrund vergangener Programmierungen schwertust, positive Gedanken und Gefühle zu wecken. Wenn du dein Leben lang eher negative Gefühle in dir kreiert hast, musst du es zuerst einmal schaffen, die Barriere genau dieser negativen Gefühle, die sich in dir über all die Jahre verankert haben, zu durchbrechen. Denn sobald man sich erst einmal in dem Strudel der negativen Gefühle befindet, verlässt einen das logische Denkvermögen und jeder noch so große Vorsatz gerät in den Hintergrund. Es heißt nicht umsonst, „man handelt aus der Emotion heraus". Ein jeder kennt das: Man ist unbewusst mit seinen Gedanken außerhalb des Hier und Jetzt in einer selbstgeschaffenen Gedankenwelt, die immer weiter und weiter von der Realität abdriftet. Plötzlich passiert etwas Unerwartetes in der äußeren Realität, das uns verärgert. Aufgrund unserer emotionalen Situation, in die wir uns selbst gedanklich und unbewusst hineinmanövriert haben, reagieren wir mit genau dieser Frequenz auf die Situation mit der wir konfrontiert werden. Wir geben noch mehr Wut, Zorn oder Ärgernis hinein und die Emotionen und negativen Gedanken überschlagen sich.

Frage dich selbst, ob das Problem in fünf Jahren immer noch ein Problem darstellt. Wenn nicht, mache daraus kein Problem.

Das Wichtigste, das du dir an dieser Stelle bewusst machen solltest, ist, in welcher emotionalen Lage du dich in diesem Moment befindest. Nur wenn du das erkennst und dich nicht deiner inneren Gefühle widerstandslos hingibst, bist du auch fähig, gezielt Einfluss darauf zu nehmen. Die nachfolgenden Schritte können dir dabei helfen, dass du dich von der gefühlten Negativität in die gewünschte positive emotionale Lage versetzt.

1. Emotion fühlen
2. Emotion erkennen
3. Sich selbst bewusstwerden
4. Negativen Kreislauf unterbrechen
5. Fokus auf den jetzigen Moment richten
6. Fokus auf das gewünschte, positive Gefühl lenken
7. Sich fragen, für welche Dinge man gerade dankbar ist

1. Als Erstes wirst du eine emotionale Reaktion auf etwas verspüren. Entweder wird sie durch deine eigenen Gedanken kreiert oder durch ein äußeres Erlebnis provoziert. Ich sage bewusst provoziert, denn egal was im Außen geschieht, du kreierst die Emotion immer in dir, bzw. du lässt sie kreieren. Die Weisheit der Worte drückt es auch hier wieder sehr gut aus, wenn wir sagen: „<u>Ich ärgere mich</u> über dieses und

jenes.“ Niemand ärgert dich – du selbst bist es, der dich ärgert.

2. Nachdem du das Gefühl in dir geschaffen hast und es auch körperlich wahrgenommen hast, ist es notwendig, dieses auch als solches zu erkennen. Mache dir klar, dass du dich gerade in einem Zustand befindest, der weder dir noch irgendjemand anderem weiterhilft. Erkenne das Gefühl und die Gedanken, die dieses Gefühl ausgelöst haben.

3. Wenn du das Gefühl erlebt und als solches erkannt hast, solltest du dir selbst bewusst werden. Werde dir klar darüber, dass du derjenige bist, der diese Emotion erschaffen hat. Du trägst dafür die Verantwortung. Sowohl positiv als auch negativ.

4. Unterbrich nun die negative Spirale an Gedanken und Emotionen. Wenn du selbst nicht für eine Unterbrechung sorgst, automatisiert sich dein Verstand und deine Gedanken und Gefühle kreisen nur noch um diese eine Situation. Hole dich also in den Moment und werde dir der Emotion bewusst.

5. Richte deinen Fokus auf den jetzigen Moment. Verschaffe dir Bewusstsein über deinen Zustand. Atme tief ein und aus und sei ganz im Hier und Jetzt. Achte bei deiner Atmung auf die Lücke zwischen dem ein- und ausatmen und frage dich, was dein nächster

Gedanke sein wird. „Was ist mein nächster Gedanke?“. In jenem Moment, in dem du dir diese Frage stellst, bist du ganz bei dir und dir wird auffallen, dass der Gedankenkreislauf unterbrochen wird.

6. Frage dich nun, welches Gefühl du stattdessen gerne in dir erzeugen möchtest? Wie würde die beste Version von dir selbst auf diese Situation reagieren? Welche Gefühle wären notwendig? Welche Emotion würde sich für dich jetzt besser anfühlen? Wie würdest du dich fühlen, wenn du diese Herausforderung bereits gemeistert hättest? Was ist das beste Gefühl, das du jetzt gerne spüren möchtest?

7. Um dein Bewusstsein auf das Positive zu richten, kann es hilfreich sein, wenn du dir die Frage stellst, für welche Dinge du in deinem Leben Dankbarkeit verspürst. Sobald du dich das fragst, wird sich dein Verstand auf die Suche nach positiven Antworten begeben, für die du dankbar sein kannst und die dich diese Dankbarkeit erfahren lassen. Sage Danke für die neue Emotion, die du in dir hervorgerufen hast und die dir dabei geholfen hat, den negativen Kreislauf zu unterbrechen.

Wisse, wohin dich dein Weg führt

Um direkten Einfluss auf dein Leben und deine Zukunft zu nehmen, indem du dir diese immer und immer wieder visualisierst, ist es von grundlegender

Bedeutung zu wissen, wie diese aussehen soll. Wenn du nicht weißt, was du in deinem Leben wirklich willst, bekommst du genau das, was dir zusteht. Du bekommst genau die Realität geliefert, die mit deinen Gedanken, deiner Emotion und deiner Schwingung im Einklang ist. Bist du dir dieses elementaren Gesetzes nicht bewusst, darfst du dich nicht beschweren, wenn du Dinge in deinem Leben erfährst, die dir nicht gefallen. Wisse deshalb, wohin du gehst. Bring dich mit dem Ziel gedanklich und emotional in Harmonie, unternimm Aktionen, die in die Richtung deines Ziels steuern und du wirst dort ankommen, wo du hinmöchtest.

Du bist verantwortlich

Ruf es dir immer und immer wieder ins Gedächtnis. „ICH BIN VERANTWORTLICH." Gib deine Verantwortung über dein Leben nicht an äußere Umstände oder andere Menschen ab. Natürlich passieren in unserem Leben manchmal unerwartete Dinge, die uns aus der Bahn werfen. Dinge, mit denen wir nicht gerechnet haben und auf die wir keinen Einfluss nehmen können. Doch wie wir auf diese reagieren, obliegt allein uns. Je bewusster wir uns dessen sind, desto bewusster werden wir reagieren. Wenn wir unser Ziel kennen und entsprechende Handlungen vollziehen, lassen wir uns von den „negativen" Erfahrungen nicht so schnell aus dem Konzept bringen.

Ziele setzen, aber wie?

Wenn es um das Thema Erfolg und Persönlichkeitsentwicklung geht, hören wir immer wieder: Du musst dir Ziele setzen. Ein-Jahres-Ziele. Zwei-Jahres-Ziele. Drei-Jahres-Ziele. Mal im ernst. Du kannst dir keine Ziele setzen, wenn du nicht wirklich weißt, was deine Bestimmung auf dieser Erde sein soll und weshalb du hier bist. Klar, du kannst dir berufliche Ziele stecken, indem du dir bestimmte Zahlen aufschreibst und Hochrechnungen machst, etc.

Aber was möchtest du für dein Leben wirklich? Um das herauszufinden solltest du dir bewusst Zeit nehmen, in die Stille gehen und darüber klar werden, wer du bist und was für dich in deinem Leben zählt. Was ist dir wichtig? Welche Werte stimmen mit dir überein? Gehe tief in dich und höre auf deine Lebensziele im Außen zu suchen. Schau tief in dich hinein und frage dich selbst. Frage nicht dein Ego, frage dein inneres Kind. Dieses wird dir erzählen, was es für dich vorsieht und welche Aufgabe du in diesem Leben hast.

Was möchtest du wirklich?

Hierbei reicht es jedoch nicht aus, wenn du dich nur mal nebenbei zwischen deinen Alltagsaufgaben zehn Minuten hinsetzt und dir überlegst, wie deine Zukunft aussehen soll. Das kannst du mit einem Einkaufszettel oder einer To-Do Liste für den nächsten Tag machen. Für dein Leben jedoch, solltest du dir am besten mehrere Tage, vielleicht sogar auch Wochen Zeit nehmen, an denen du dich immer und immer wieder mit dieser Frage auseinandersetzt. Verbringe diese Tage in einem einzigen Raum und widme dich ausschließlich den folgenden Fragen: Was möchtest du in deinem Leben wirklich erreichen? Was macht dich glücklich? Welche Werte vertrittst du? Was bist du für ein Mensch? Welche Tätigkeiten bereiten dir Freude? Was würdest du tun, wenn Geld für dich keine Rolle spielt? Wie würdest du der Welt helfen, wenn du Multi-Milliardär wärst?

Verlasse den Raum nur um deine Grundbedürfnisse zu decken und kehre danach wieder zurück. Zünde ein paar Kerzen an und lass inspirierende Musik laufen.

Glaube mir, es wird am Anfang schwer sein, sich nur auf dieses eine Thema zu konzentrieren. Dein Verstand möchte schließlich unterhalten werden, wie all die Jahre zuvor. Er möchte sich mit solch „schwierigen" Themen einfach nicht befassen. Dir werden deshalb nach kürzester Zeit allerlei Dinge einfallen, die du stattdessen machen könntest.

Bleib an dieser Stelle standhaft. DU BIST VERANTWORTLICH. Stelle dir immer wieder die Fragen „Was will ich?", „Wo möchte ich hin?", „Was ist der Zweck meines Daseins?", „Was möchte ich bewirken?", „Was macht mich glücklich?", „Wer wäre ich, wenn ich keine Angst hätte?". Was ist dein innigster Wunsch, den du in der Realität verwirklicht haben möchtest?

Was sind deine Werte, die mit diesem Lebensziel einhergehen? Wie soll dein Leben in der Zukunft aussehen?

Glaube mir, sobald du dir diese Fragen stellst, wird sich dein Unterbewusstsein auf die Suche nach Antworten begeben. Es wird dir Gedanken in den Kopf kommen lassen, die mit deinen Werten und Tugenden einhergehen. Es liefert dir Ideen, Optionen, Überlegungen und Möglichkeiten. Schreibe dir diese Gedanken auf, mögen sie sich anfangs noch so unsinnig für dich anhören. Schreibe einfach alles auf, das dir in den Sinn kommt.

Mit der Zeit wird sich immer weiter herauskristallisieren, was für dich bestimmt ist. Die Antworten werden kommen. Bleib geduldig und beharrlich.

Bittet, so wird euch gegeben;
suchet, so werdet ihr finden;
klopfet an, so wird euch aufgetan.

(Matthaeus 7:7)

Erlebe das Gewünschte

Um das zu erreichen, was du in deinem Leben gerne haben möchtest, ist es sinnvoll, eine entsprechende Situation selbst zu erleben, um das notwendige Gefühl, das dir dabei hilft jene Ziele zu erreichen, in deiner Realität zu spüren.

Wenn du zum Beispiel ein bestimmtes Auto fahren möchtest, erlaube dir, regelmäßig eine Probefahrt damit zu machen. So erlebst du die gewünschte Emotion mit allen Sinnen in der realen Welt. Dadurch erfährst du genau, wie es ist, dieses Auto zu fahren und es fällt leichter, dir vorzustellen, dieses auch zu besitzen.

Wie wir gelernt haben, kann unser Unterbewusstsein zwar zwischen Realität und Fiktion nicht unterscheiden, doch fällt es den meisten von uns sehr viel leichter, die erforderlichen Gedanken und Gefühle eher dann in uns zu erzeugen, wenn wir die Situation tatsächlich bereits erfahren haben und lediglich auf die Erinnerungen zurückgreifen müssen, als wenn wir sie uns vor unserem inneren Auge neu erschaffen müssen. Begib dich also bewusst in Situationen, die mit deinem gewünschten Ziel direkt oder indirekt zu tun haben, um in dir die Emotion entstehen zu lassen, die du fühlen würdest, wenn du das gewünschte Ergebnis bereits erreicht hättest.

Deine Vorstellungskraft

Ich möchte an dieser Stelle einmal mehr auf die Weisheit der deutschen Sprache eingehen. Wenn du das Wort Vorstellungskraft analysierst fällt dir hierbei Folgendes auf: Unter der Vorstellungskraft versteht man eine Kraft sich gewisse Dinge vor dem inneren Auge vor-zu-stellen. Wie auch die Muskelkraft oder die Willenskraft Kräfte sind, die man trainieren und ausbilden kann, kann man demnach auch die eigene Vorstellungskraft verbessern und ausprägen.

Wenn es dir also am Anfang etwas schwerfällt, Bilder in deinem Inneren zu erzeugen, die dem entsprechen sollen, das du dir für dein Leben wünschst, liegt das einzig und allein daran, dass du dir diese Kraft in deinem Leben bisher wenig bis kaum zunutze gemacht hast. Du hast deinen Gedanken und Emotionen vielleicht bisher ungehindert freien Lauf gelassen, ohne bemerkt zu haben in welche Richtung sie dich gelenkt haben. Denke immer daran: Deine äußere Welt ist das Spiegelbild deiner inneren Welt und wenn du dir dessen wirklich bewusst wirst, wirst du in der Lage sein, dein Leben komplett neu auszurichten.

Übe dich also jeden Tag in der Kraft der Visualisierung und stärke deinen vorhandenen „Imaginations-Muskel". Du wirst sehen, dass du dir die gewünschten Dinge in deinem Leben immer leichter vorstellen kannst, sobald du deine persönliche Weiterentwicklung in den angesprochenen Bereichen vorantreibst.

Nutze die Kraft der Imagination!

Die tägliche Meditation hilft dir bereits dabei, den Strom deiner Gedanken zu unterbrechen und das Chaos in deinem Kopf zu ordnen. Die Affirmationen helfen dir dabei, positive Glaubenssätze in deinem Leben zu etablieren, wodurch wiederum positive

Gedanken in deinem inneren entstehen. Die tägliche kalte Dusche stärkt deine Willenskraft und hilft dir bei der Umsetzung herausfordernder Dinge. Das tägliche Dankbarkeitsgebet richtet deinen Fokus auf die Dinge, für die du Danke sagen kannst und es macht dir bewusst, in welchem Überfluss du dich bereits befindest.

Die Visualisierung deiner Zukunft verschafft dir am Ende das Leben, das du dir erträumst. Alles was in deinem Kopf in Gedanken umherschwirrt, materialisiert sich in deiner äußeren Welt auf irgendeine Art. Wenn wir es also schaffen, Meister über unsere inneren Bilder und Emotionen zu werden, halten wir den Schlüssel für ein selbstbestimmtes und selbstverantwortliches Leben in den eigenen Händen.

Glaube mir, ich verstehe deine aufkommenden Gedanken, die dir sagen, „Ja, aber" und „So leicht ist das alles nicht". Auch ich habe diese eingrenzenden Gedanken immer wieder. Doch der Unterschied zwischen den wirklich glücklichen und erfolgreichen Menschen zu den meisten anderen liegt einfach darin, dass diese sich dessen <u>bewusst</u> sind. Und nur durch <u>Bewusstsein</u> und Erkenntnis sind wir in der Lage, Einfluss auf gewisse Dinge in unserem Leben zu nehmen, die wir verändern möchten. Vertraue also dem Prozess und lass deine pessimistischen und zweifelnden Gedanken los.

Ich möchte aber Astronaut werden

Okay. Du hast mich ertappt. Es gibt Dinge in unserem Leben, die sich von der Wahrscheinlichkeit her, sie zu erreichen, ganz in der Nähe von Null befinden. Ja, alles ist möglich! Die Möglichkeiten existieren! Doch es existieren tatsächlich auch äußere Faktoren und gewisse Grenzen, die in unserer Realität ein Wörtchen mitzureden haben. Wenn es dein innigster Wunsch ist, Astronaut zu werden und wenn du alles dafür tust und umsetzt und sämtliche Hindernisse aus dem Weg räumst, ist am Ende auch das möglich.

Aber nur, weil sich dein Ziel im Bereich des möglichen aufhält, bedeutet das noch nicht, dass du am Ende auch exakt dort ankommst. Vielleicht sitzt du am Ende anstatt in der Raumkapsel, in der Zentrale in Houston. Vielleicht wirst du anstatt Fußballprofi, Manager eines Traditionsvereins.

Wir alle haben Träume und sie sind es allemal wert, verfolgt zu werden und je höher wir dabei zielen, desto größer ist die Wahrscheinlichkeit, dass wir dort oder in der Nähe davon ankommen. Lasse dich also von Rückschlägen in deinem Leben nicht aus der Bahn werfen und betrachte gewisse Ereignisse, die dich von deinem eigentlichen Vorhaben abbringen, nicht als endgültig. Sollten dir Steine in den Weg gelegt werden, auf die du keinen Einfluss nehmen kannst, umgehe die Steine und suche dir einen neuen Pfad! Ich kenne einige Menschen, die zum Beispiel Fußballprofi werden wollten, das Talent dazu hatten und große Chancen hatten dies zu erreichen, jedoch aufgrund von Verletzungen diesen Traum aufgeben mussten. Auf sowas hast du keinen Einfluss! Akzeptiere die Situation und suche dir stattdessen ein neues erreichbares Ziel, für das es sich zu kämpfen lohnt!

Schreibe es nieder!

Nachdem du für dich herausgefunden hast, was dich erfüllt und wie deine optimale Zukunft aussieht: Schreibe sie auf! Indem du deinen gedanklichen Wunsch niederschreibst, materialisierst du ihn in deiner jetzigen Realität. Du speicherst den Gedanken sozusagen in schriftlicher Form ab. Dadurch hast du zudem auch die Möglichkeit, zu jeder Zeit auf deine Wunschvorstellung zuzugreifen. Indem du dir deinen niedergeschriebenen Traum daraufhin immer wieder durchliest, verfestigst du ihn zugleich in deinen Gedanken.

Je detaillierter du dabei in deinen Ausführungen bist, desto besser. Denn je genauer du auf die Details eingehst, desto mehr Emotionen entstehen in dir beim durchlesen. Es fällt dir dadurch mit der Zeit auch immer leichter, deinen Traum in Gedanken vor-zu-stellen.

Mindzed Tipp #11

Visualisierung bedeutet: Üben, üben, üben! Auch wenn es dir zu Beginn noch schwerfällt, hör nicht auf. Wenn du ein Haus baust, hörst du ja auch nicht nach der ersten Woche auf, nur weil man die Fassade des Hauses noch nicht erkennt. Habe Geduld und glaube an den Prozess, den du in Gang setzt.

WAS IST DEIN GRÖSSTER TRAUM?
WAS MUSST DU TUN UM IHN ZU ERREICHEN?

NOTIZEN

Kapitel 12

Du hast es gemeistert!

„Gib das, was dir wichtig ist, nicht auf, nur weil es nicht einfach ist. “

Albert Einstein

Es beginnt alles mit deiner Entscheidung

Lass mich dir an dieser Stelle eines sagen: Es erfüllt mich mit unglaublichem Stolz und großer Dankbarkeit, dass du das Buch bis hier her gelesen hast. Ich hoffe auch sehr, dass du es nicht nur gelesen hast, sondern dass du zumindest bereits die Entscheidung getroffen hast, dein Leben zu verbessern, indem du dich selbst verbesserst. Denke immer daran: Eine Entscheidung ist eine Scheidung vom Alten. Dein komplettes Leben, besteht in jeder Sekunde aus Millionen und Abermillionen von Entscheidungen. Jeder Entschluss, den du fasst, ist eine neue Koordinate für das Ziel deiner Zukunft. Was du heute tust und wozu du dich heute entschließt, wird das Ergebnis von morgen sein. Halte dir das jeden Tag, den du auf dieser Erde verbringst, erneut vor Augen, denn nur so kannst du bewusst Einfluss auf deinen Lebensweg nehmen, ohne dich wie ein Blatt im Wind umhertreiben zu lassen. Halte dir stets vor Augen: Du kannst dich nicht nicht entscheiden. Jede nicht vorgenommene Handlung oder die Entscheidung, sich nicht entscheiden zu wollen, ist bereits eine Entscheidung in sich. Du kannst dich also vor der Verantwortung nicht drücken. Vergiss das nicht. Triff deshalb den besten Entschluss, den du fassen kannst und beginne deine persönliche Transformation zu einer optimierten Version von dir selbst, indem du täglich an dir arbeitest.

Jeder Entschluss, den du fasst, ist eine neue Koordinate für das Ziel deiner Zukunft.

Damit hilfst du nicht nur dir selbst, sondern vielmehr allen Menschen um dich herum. Dadurch, dass du dein Leben verbesserst, verbesserst du das Leben aller Menschen, mit denen du in Zukunft interagierst. Zu denken, dass persönliche Weiterentwicklung etwas egoistisches sei, ist also eine völlig verkehrte Annahme. Natürlich konzentrierst du dich beim *Mindzed Potenzial* vorwiegend auf das, was DU tust, jedoch werden diese täglich praktizierten Erfolgs-Gewohnheiten einen so gewaltigen Einfluss auf dich haben, dass du das automatisch auf deine Umgebung projizieren wirst.

Wenn ich das kann... kannst du ....

Als ich mit diesem Projekt Anfang des Jahres 2020 begonnen habe, wusste ich noch nicht, in welcher Form sich dieses Buch entwickeln wird. Ich hatte zwar eine Vorstellung davon, über was ich schreiben möchte, jedoch war mir zu diesem Zeitpunkt noch nicht bewusst, wie viel Arbeit das Ganze erfordern würde. Umso mehr möchte ich dir deshalb dafür danken, dass du mir mit dem Kauf dieses Buches dein Vertrauen und deine Unterstützung geschenkt hast.

Des Weiteren möchte ich dich auch persönlich damit motivieren, denn dieses Buch ist aus einem einzigen Gedanken entstanden und entwickelte sich letztlich zu dem, was du nun in deinen Händen hältst.

Natürlich stammt das Wissen, das ich dir in diesem Buch weitergebe, nicht nur aus irgendwelchen Hirngespinsten, sondern vielmehr aus vielen Stunden des Lesens, informativen Videos, inspirierenden Gesprächen, interessanten Hörbüchern und vor allem aus den Erfahrungen der letzten Jahre. Den Willen, etwas Eigenes zu kreieren, hatte ich schon seit geraumer Zeit und so habe ich auf dem Weg herauszufinden was das ist, einige Entscheidungen getroffen, die mich letzten Endes bis hierhergebracht haben. Entscheidungen, die für meinen persönlichen Weg notwendig waren, um diese Zeilen niederschreiben und um dir dieses Wissen weitergeben zu können.

Fakt ist: So, wie dieses Buch aus dem Nichts entstanden ist, sondern einzig und allein aus einer Idee heraus kreiert wurde, so kannst auch du aus dem Nichts heraus etwas erschaffen, das von Wert ist. Eine einzige Idee und die Entscheidung, diese Idee in die Wirklichkeit umzusetzen, kann dein komplettes Leben in eine neue und für dich richtige Richtung lenken.

Mache Erfahrungen!

An dieser Stelle kann ich dir einen sehr guten Ratschlag mit auf den Weg geben: Mache so viele Erfahrungen, wie du nur kannst! Nur durch Erfahrungen findest du heraus, welche Dinge für dich bestimmt sind und welche nicht. Folge dabei immer deiner Intuition und deiner inneren Stimme. Diese wissen so viel mehr, als es dein logischer Verstand je könnte. Wenn sich für dich etwas logisch anhört und du nur rein von der Logik her zu etwas Ja sagen möchtest, sieh zuerst in dich hinein und frage dich selbst, ob du das, was du da in Angriff nehmen möchtest, wirklich mit dir und deinem einzigartigen Charakter und deinen Werten harmoniert. Wenn dem nicht so ist, kannst du es trotzdem machen, eine Erfahrung sammeln und du wirst sehr bald herausfinden, dass dein Weg ein Anderer sein soll. Nur durch stetige Korrekturen auf deinem Lebensweg wirst du schlussendlich auf den richtigen Pfad gelangen. Ein Ziel, kannst du auf vielen Wegen erreichen, es ist nur wichtig zu wissen, welches Ziel das ist und wie du dort ankommst.

Was ist Erfolg?

Bitte sei dir darüber im Klaren: Erfolg, wie auch immer dieser aussehen mag, definiert jeder Mensch für sich selbst. Meiner Definition nach bedeutet Erfolg:

Frei und glücklich zu sein, Fülle zu spüren, dankbar zu sein und umgeben von Menschen, die man liebt.

Du merkst: Ich habe nicht gesagt: „Erfolg bedeutet, jede Menge Geld zu haben, ein schnelles Auto zu fahren und ein großes Haus zu besitzen". Du kannst all das haben, aber zugleich bettelarm sein. Gleichzeitig kannst du wenig Geld haben und ein absolut glückliches Leben führen. Es ist alles nur eine Art der Betrachtung und wie man den Dingen im Leben gegenübersteht. All diese Dinge sind grundsätzlich neutral. Alles hat nur den Wert, den wir ihm beimessen. Dass ein Ferrari mehr wert ist als ein VW Polo liegt einzig und allein daran, weil wir daran glauben und deshalb bereit sind, mehr Geld dafür zu zahlen. Natürlich fährt das eine Auto schneller als das andere, es sind teurere Komponenten verbaut und es sieht vielleicht auch besser aus, doch das alleine bedeutet noch nicht, dass das eine prinzipiell besser ist als das andere, denn beide Fahrzeuge wurden ursprünglich dazu konzipiert, um uns von A nach B zu befördern.

Genauso verhält es sich auch mit Geld: Geld ist grundsätzlich neutral. Es ist einfach nur. Doch werden wir häufig damit konfrontiert, Erfolg nach der Menge des Geldes zu beurteilen, das ein Mensch verdient. Vielmehr sollten wir jedoch damit beginnen, Erfolg daran zu bemessen, wie glücklich man sein Leben lebt, wie gut man seine Mitmenschen behandelt, wie viel Wert man auf die Pflege und Entwicklung eines gesunden Körpers und eines gesunden Geistes legt, wie groß der eigene Respekt vor dem Leben ist und wie sehr man nach dem Sinn strebt, dieses Leben zu etwas Besonderem zu machen.

Das Interessante daran ist jedoch, dass die Menschen, die diese Punkte berücksichtigen, auch eher Geld-Erfolge in ihr Leben ziehen als diejenigen, die es nicht tun. Denn das eine schließt das andere gleichzeitig auch nicht aus. Du kannst materiell sehr viel Geld besitzen und zugleich ein voll erfülltes und glückliches Leben führen. Ich durfte in meinem Leben einige faszinierende Persönlichkeiten kennenlernen, die in genau diese Kategorie fallen. Menschen, die aus genau dem Grund viel Geld verdienen, weil sie so sind, wie sie sind und weil sie verstanden haben, gewisse Dinge in die Umsetzung zu bringen.

Mache dein Glück nicht allein von äußeren Faktoren abhängig!

Es gibt aber auch Menschen und das ist womöglich der Großteil, die von Monat zu Monat mit Geldsorgen durchs Leben gehen und deshalb innerlich verzweifeln. Geld allein macht nicht glücklich. Es ist ausschließlich deine Einstellung dazu. Doch Geld kann dir sehr gut dabei helfen, Dinge zu tun und Erfahrungen zu sammeln, die dich dabei unterstützen, dich selbst zu verwirklichen und ein freieres Leben zu leben. *Das Glück solltest du jedoch niemals von äußeren Faktoren abhängig machen, denn wenn du dein Glück allein danach beurteilst was du hast, wirst du im Leben nie genug bekommen und auch niemals wirklich glücklich sein.*

Reichtum und Glück bedeutet die Fülle zu erleben, die uns von Natur aus umgibt und diese in Ihrer Herrlichkeit wahrzunehmen. Den Sonnenstrahl auf deiner Haut. Der Sauerstoff, der dich durchflutet. Das Getränk, das dich durchfließt. Das Essen, das dich nährt. Die Gespräche, die dich inspirieren. Die Musik, die dich beschwingt. Die Zeilen, die du liest. All die täglichen „Kleinigkeiten", die in Wahrheit das große Ganze darstellen.

Was bringt dir das schnelle Auto und das große Haus, wenn du niemanden an deiner Seite hast, mit dem du diese Erfahrung teilen kannst?

Genauso wenig nutzt es dir natürlich, kein Geld zu besitzen. Wir leben nun mal in einem System, in dem Geld dazu beiträgt unser Leben zu bestreiten. Wenn man also zu wenig davon besitzt und sich ständig darüber Gedanken machen muss, wie man die nächste Rechnung bezahlen soll, hat man keinen klaren Kopf und nicht genügend kreative Energie, um sich den wichtigen Dingen des Lebens und seinem persönlichen Wachstum zu widmen.

Am besten hast du so viel Geld übrig, sodass du dir keine Sorgen darübermachen musst. Das kann auch mit einem geringen Einkommen möglich sein, sofern du deine Kosten und Ausgaben im Griff hast und dich nicht zu größeren und unnötigen Konsum-Ausgaben hinreißen lässt.

Letzten Endes ist es wichtig zu verstehen, dass wir den Reichtum selbst definieren und dass der Reichtum nicht uns definiert. Demnach ist auch der Erfolg immer etwas, das wir selbst beurteilen – je nachdem, wie wir unser Leben leben. Sind wir rundum glücklich mit dem, was wir tun und was uns umgibt, kann man dies sehr wohl als Erfolg bezeichnen.

Übernimm Selbstverantwortung

Die Menschen sind geprägt von Angst. Angst davor krank zu werden. Die Angst vor bösen Menschen. Die Angst, anders zu sein als die anderen. Angst nicht genug zu bekommen. Angst vorm Versagen. Ängste, die dazu führen, dass sie die Verantwortung über ihr Leben und ihren Körper an äußere Autoritäten wie Politiker, Ärzte, Lehrer, Institutionen usw. abgeben.

Anstatt sich ihres eigenen kritischen Denkvermögens zu bedienen, schenken sie diesen Obrigkeiten ihr Leben lang ihr Vertrauen und merken dabei gar nicht, dass sie in einem System aufwachsen, das erschaffen wurde, um die Menschen aus Macht- und

Profitgründen in Angst zu halten. Das einfachste Beispiel bezieht sich hier auf unsere „moderne Medizin“ und die Pharmaindustrie: Sie definiert bestimmte Symptome als Krankheiten, die es durch äußere Maßnahmen wie Medikamente oder entsprechende Behandlungen wie bspw. Chemotherapien zu bekämpfen gilt.

Doch was wäre eigentlich, wenn Krankheiten dazu da wären, um uns einen bestimmten Weg aufzuzeigen und nicht um uns zu schaden? Was wäre, wenn hinter unserem perfekten Organismus ein ausgeklügeltes System und ein biologischer Sinn steckt? Würde unser Körper dann willkürliche Krankheiten durch von „außen“ erschaffene Gefahren erzeugen?

Was wäre, wenn Krankheiten, wie wir sie kennen, nicht zufällig entstehen? Was wäre, wenn hinter jedem Symptom ein biologischer Sinn steckt? Was wäre, wenn die Medizin anstatt sich auf die Symptome zu konzentrieren, den tatsächlichen Ursachen und der wirklichen Entstehung einer Krankheit nachgehen würde? Was wäre, wenn das symptomorientierte Denken aufhören und ein ursachenorientiertes Denken stattfinden würde? Stelle dir vor, diese Ursache läge nicht in äußeren Faktoren, sondern in uns selbst und wie wir auf diese äußeren Umstände emotional reagieren. Wenn wir die Quelle der „Krankheit“ herausfinden, wäre dann eine symptomorientierte Behandlung zur „Beseitigung“ der „Krankheit“ überhaupt notwendig?

Was wäre, wenn wir selbst es sind, die diese „Krankheiten" durch unsere emotionale Reaktion auf gewisse Ereginisse hervorrufen? Wie du weißt, schaffen Gedanken Emotionen. Auch äußere Einflüsse sind nichts Anderes als von uns interpretierte gedankliche Erfahrungen, die entsprechende Emotionen in uns erzeugen. Hast du dich schon mal aufgrund eines äußeren Erlebnisses ärgern müssen? Wie spürst du diesen Ärger? Was wäre, wenn genau diese Emotion, eine körperliche Reaktion in Gang setzt, die wir am Höhepunkt der auftretenden Symptome dann als „Krankheit" und als etwas Negatives definieren? Bräuchte es dann noch ungesunde, unnatürliche Mittel, wenn wir selbst es sind, die dafür verantwortlich sind?

Um das zu verstehen, müssten wir uns jedoch als Erstes unserer Gedanken und Emotionen bewusst werden. Wir würden bewusster darauf achten, was wir den ganzen Tag denken und wie wir auf äußere Erfahrungen reagieren. Wir würden auf die äußeren Erlebnisse emotional nicht mehr derart unbewusst reagieren, wie wir es vielleicht noch in der Vergangenheit getan hätten. So würde das Gedanken- und Gefühlschaos ein Ende finden und Krankheiten würden rapide zurückgehen. In einer Welt, in der die Menschen emotional ausgeglichen und in Harmonie mit ihrer Umwelt leben, wären Krankheiten, wie wir sie kennen nicht überlebensfähig. Auch Konflikte mit unseren Mitmenschen und der Umgang mit dem Leben im Allgemeinen wäre sehr viel bewusster und weniger geprägt von Neid, Missgunst, Angst oder Ärger. Die Menschen wären emotional ausgeglichener und gleichzeitig lebensfroher, da sie keine Angst mehr vor Krankheiten haben müssten. Wenn wir selbst Schöpfer unserer Realität sind, sind wir auch für unsere physischen körperlichen Zustände mitverantwortlich. Wenn wir also erkennen, dass wir selbst verantwortlich sowohl für unsere Gesundheit als auch für unser Leben sind, übernehmen wir die Kontrolle. Wir übernehmen die Kontrolle darüber, bewusste Entscheidungen treffen zu können. Denn wenn wir andere für unsere Situation verantwortlich machen, geben wir demjenigen die Macht. Selbstverantwortung ist grundlegend, um ein gesundes, erfülltes und glückliches Leben zu führen.

Wem du die Schuld gibst,
dem gibst du die Macht.
Gib deine Macht niemals ab.

Überwinde deine Ängste

Das was uns Menschen allen innewohnt und das, was die allermeisten davon abhält, Erfolg und Lebensglück anzuziehen, ist das Gefühl der Angst. Die Angst ist eine der negativsten und kontraproduktivsten Emotionen, die man als Mensch erzeugen kann. Sie lähmt und bringt uns in einen Zustand der Lethargie.

Angst ist ein von innen geschaffener Zustand, der das Ergebnis von negativen Denk- und Verhaltensweisen darstellt. Angst entsteht immer dann, wenn wir uns unserer Gedanken und Emotionen nicht voll bewusst sind. Wir blicken negativ in die Zukunft und lassen zu, dass sich in unserem Kopf Horror-Szenarien abspielen. Obwohl uns diese Angst als sehr real erscheint, ist sie im Grunde nichts weiter als eine selbst erschaffene Illusion unseres Verstandes. Die Reaktion unkontrollierter Gedankengänge eines unbewussten Denkers.

Versteh mich hier bitte nicht falsch. Angst ist keineswegs eine nutzlose Emotion. Gerade dann, wenn wir uns in Gefahr befinden, löst sie in uns eine Reihe positiver neurochemischer Prozesse wie den Ausstoß von Adrenalin aus. Doch dies ist auch nur dann hilfreich, wenn wir uns dessen bewusst bleiben und uns nicht in derselben Situation von ihr lähmen lassen. Entweder wir nutzen diese Energie zum Negativen und erstarren in Lethargie oder wir verwandeln sie in positive Antriebskraft, um der gegenwärtigen Situation, die die Angst ausgelöst hat, zu entkommen.

Angst vor etwas zu haben, das in Zukunft passieren könnte, aber noch nicht eingetreten ist, ist hingegen mehr als kontraproduktiv. Sie lässt dich nicht mehr klar denken und zieht immer mehr Gedanken der gleichen Art an. Es ist wie ein Teufelskreis, der mit einem negativen und mit Angst behafteten Gedanken beginnt und in einem Strudel voller Verzweiflung und Negativität endet. Verweilen wir jedoch in der Gegenwart und unterbrechen den Strom dieser negativen Gedanken, durch jene Maßnahmen, die ich dir bereits in den vorherigen Kapiteln erläutert habe, verschwindet auch die Angst.

Angst entsteht immer dann, wenn wir uns unserer Gedanken und Emotionen nicht voll bewusst sind.

Gefahr hingegen lässt sich nicht einfach wegdenken. Befindest du dich in einer Situation, die gefährlich ist, solltest du alles unternehmen um aus dieser Situation zu entkommen bzw. das Problem, das die Gefahr erzeugt, zu beseitigen. Je weniger Angst du dabei hast, desto klarer wirst du in deinen Taten sein und desto schneller wirst du in der Lage sein, dich aus dieser gefährlichen Situation zu befreien.

F → False
E → Evidence
A → Appearing
R → Real

Übersetzt bedeutet das: „Falsche Beweise, erscheinen real." Es ist ein gedankliches Konstrukt deiner inneren Welt, verbunden mit einer pessimistischen Aussicht. Eine Aussicht, die dir zwar sehr real vorkommt, in den meisten Fällen, sofern du dich nicht in einer lebensgefährlichen Situation befindest, aber unbegründet ist.

Mut

Wenn wir über Angst sprechen, müssen wir uns auch mit dem Gegenpart befassen. Mut bedeutet nicht, keine Angst zu haben. Mut bedeutet, sich seinen Ängsten zu stellen und sie zu überwinden. Die meisten Menschen schrecken heutzutage davor zurück, sich in Situationen zu begeben, die ihnen Angst machen. Doch Selbstverantwortung ist nichts anderes als mit Mut und Entschlossenheit sein Leben in die eigene Hand zu nehmen. Mut bedeutet ebenfalls, aus der Komfortzone auszubrechen, denn das, was die Komfortzone einschließt, ist die Angst davor, das Gewohnte zu verlassen. Außerhalb des Bekannten befindet sich das Unbekannte und da wir nicht wissen, was das ist und wie es uns dort geht, haben wir Angst, es zu erkunden.

Wie mutig bist du?

Nur wenn wir mutig genug sind, über unsere Ängste hinauszugehen und uns dem Schmerz zu stellen, der diese Angst in uns erzeugt, können wir weiterwachsen. Ich möchte dich nicht dazu ermuntern, dass du dich in reell lebensgefährliche Situationen begibst. Ich möchte, dass du dich den Dingen stellst, die in dir unbegründet Angst hervorrufen. Vielleicht hast du in deinem Leben schon einmal eine Situation erlebt, in der du ängstlich warst und als du dich der Angst gestellt hast, hast du plötzlich gemerkt, dass diese absolut unbegründet war? Angst entsteht in uns selbst. Mut auch. An dem Punkt, an dem wir die größte Angst verspüren und trotzdem handeln, das ist der Punkt, an dem wir unsere Komfortzone sprengen und unseren Mut steigern! Je mutiger wir werden, desto leichter fällt es uns über die Grenze des Gewohnten hinauszugehen.

Wenn wir aber mit überwiegend ängstlichen Gedanken und Gefühlen unseren Alltag durchschreiten, werden wir nicht sehr viel von diesem wundervollen Spiel namens Leben mitbekommen. Nur wenn wir mutig genug sind, werden wir Dinge tun und Orte erkunden, die sich abseits von unserem gewohnten Leben befinden.

Frage dich deshalb selbst:
Wie mutig bist du wirklich?

Mindzed Tipp #12

Möchtest du dein Leben verbessern, musst du in der Lage sein, Selbstverantwortung zu übernehmen. Dazu ist es notwendig mutig und entschlossen deine Ängste zu überwinden. Mache dir immer wieder bewusst, dass Angst nur durch dich entstehen kann. Hast du deine Gedanken unter Kontrolle, hast du deine Angst unter Kontrolle..

WAS IST DEINE GRÖSSTE ANGST?
WIE KANNST DU DICH IHR STELLEN?

NOTIZEN

Kapitel 13

Die perfekte Abrundung

*„Motivation bringt dich in Gang.
Gewohnheit hält dich in Schwung."*

Jim Rohn

Zum Abschluss und zur optimalen Abrundung des *Mindzed Potenzials* möchte ich dir noch drei zusätzliche Lebensgewohnheiten mit auf den Weg geben, die dir, langfristig umgesetzt, von großem Wert sein können. Du kannst natürlich frei entscheiden, ob es für dich Sinn ergibt und ob du dir diese drei Gewohnheiten aneignen möchtest oder nicht. Sei dir aber darüber im Klaren, dass ich dir hier nur die Dinge mit auf den Weg gebe, die dich dabei unterstützen, zur besten Version von dir selbst zu werden.

1. Mediendiät

Gönne deinem Geist eine Auszeit. Eine Auszeit von all den äußeren Einflüssen, Eindrücken und Informationen, die durch die modernen Medien jeden Tag erneut auf uns einwirken. In den vorangegangenen Kapiteln wurde dir vermittelt, wie dein Verstand konditioniert wurde und wie Menschen auf Informationen reagieren. Jede, ausnahmslos jede Information ist eine Beeinflussung deiner Wahrnehmung. So wie du dich und die Welt wahrnimmst, wirst du dein Leben erleben. Dadurch gehst du mit einem von außen erzeugten Bild durch die Welt, von dem du der Meinung bist, dass du es selbst geschaffen hättest. Von dieser eigens kreierten „Realität" bist du der Überzeugung, dass diese der Wahrheit entspricht und real ist. Die Ansicht, mit der du dein Leben lebst, ist jedoch nichts anderes, als der Versuch deines Gehirns aus all den erfahrenen Informationen, die man dir zur Verfügung gestellt hat, einen Sinn zu bilden. Dieses Sinnbild hat jedoch nichts mit der Realität zu tun, sondern ist ein von dir subjektiv empfundenes Konstrukt.

Um zurück in die Realität zu gelangen und die „Wahrheit" zu leben, ist es notwendig, sich von den äußeren Einflüssen von Zeit zu Zeit weitestgehend abzukoppeln. Heutzutage werden die Menschen so vielen Informationen und Sinneseindrücken ausgesetzt wie vermutlich nie zuvor in der Geschichte der Menschheit. Durch immer weiter fortschreitende Technologien,

Um zurück in die Realität zu gelangen, ist es notwendig, sich von äußeren Einflüssen abzukoppeln.

soziale Medien, modernere Fernseher, unterhaltsamere Zeitschriften usw. usf. wird man Tag ein Tag aus mit Informationen bombardiert. Dadurch läuft unser Gehirn auf Hochtouren und ist überwiegend damit beschäftigt, diese unzähligen Sinneseindrücke zu verarbeiten.

Diese verarbeiteten Datensätze bilden Glaubenssätze und kreieren am Ende unsere Meinung. Leider haben die wenigsten Menschen ein Gespür dafür, welche Informationen für sie wichtig und richtig sind und welche nicht. In den Köpfen der meisten Menschen herrscht deshalb eine allgemeine Verwirrung über das Leben. Sie plappern stupide Aussagen aus Medien und Umwelt nach und denken, dass das ihre selbstgebildete Meinung ist. Sie hinterfragen selten das, was sie öffentlich präsentiert bekommen und was kollektiv für wahr gehalten wird. Beschäftigen sie sich jedoch mit Dingen, die nicht der öffentlichen Meinung entsprechen und nicht zu dem kollektiven Weltbild der Gesellschaft passen, werden diese alternativen Sichtweisen zuerst kritisch beäugt und dann sehr oft lächerlich gemacht. Egal wie viel Sinn eine neue Sichtweise ergibt und wie unsinnig die eigene ist, es wird solange daran festgehalten, wie es nur geht. In diesem Zusammenhang spricht man in der Psychologie auch von der „kognitiven Dissonanz“.

Die tägliche Flut an Informationen und Sinneseindrücken beeinflusst das eigene Denken und lässt den Geist nur schwer zur Ruhe finden. In dem von außen geschaffenen Chaos im eigenen Denken ist es deshalb oft schwierig, seine Gedanken geordnet, strukturiert und seinen Fokus auf dem gerichtet zu halten, was man in seinem Leben erreichen oder umsetzen möchte. Man wird von seinem eingeschlagenen Weg wortwörtlich abgelenkt.

Um sich aber dauerhaft zu fokussieren und sein Ziel fest im Blick zu behalten, ist es notwendig, den Input in unseren Geist bewusst zu reduzieren und unsere Aufmerksamkeit gleichzeitig auf das zu richten, das für uns von größerem Interesse ist. Welcher C-Promi sich von welchem F-Promi scheiden lässt, ist keine Information, die dir in deinem Leben in irgendeiner Hinsicht einen wirklichen Mehrwert bietet. Derartige Klatsch und Tratsch- Informationen dienen lediglich dazu, deinen Geist zu unterhalten (oder auch: unten zu halten) und deine Gedanken um derartige Themen kreisen zu lassen. Das alles nur, um nicht auf die Idee zu kommen, dass das Leben für uns alle weit mehr zu bieten hat. Je weniger Informationen wir also in unser Bewusstsein eindringen lassen, desto weniger wird unser Unterbewusstsein und damit unsere Gedanken, Emotionen und Taten vom wirklichen Leben abgelenkt. Der Fakt, dass man sich in der Natur, im Wald, am Meer oder in den Bergen so wohl fühlt, ist der Tatsache geschuldet, dass der

> Die tägliche Flut an Informtionen lässt den Geist nur schwer zur Ruhe finden.

Geist hier Ruhe findet. Hier wird er mit Harmonie, Ordnung und Stille konfrontiert, anstatt mit nachgerichteten Nachrichten, Unterhaltung, Klatsch und Tratsch. In der Stille der Natur sind wir der Wahrheit näher als in allen Meldungen aus Funk, Fernsehen und Internet.

Bei der ersten Zusatz-Gewohnheit wollen wir es also gemeinsam schaffen, den Input in unseren Geist gezielt zu reduzieren. Hierzu werden wir für die nächsten elf Tage den Fernseher ausschalten und ausgeschaltet lassen. Wir werden keine Zeitungen lesen und auch kein Radio hören. Einhergehend mit dem Fernseher lassen wir ebenfalls auch sämtliche Spielekonsolen oder Computerspiele aus. Das Handy verwenden wir ausschließlich zur Kommunikation – dies war übrigens noch vor wenigen Jahren der ursprüngliche Sinn eines Mobiltelefons.

Des Weiteren schalten wir das Smartphone auf „Stumm" und deaktivieren die Benachrichtigungen sämtlicher sozialen Medien wie Whatsapp, Twitter, Instagram, Facebook und Co. Eingehende Nachrichten überprüfen wir nur alle vier Stunden für maximal 15 Minuten. Reduziere deine Social Media Apps so gut es geht auf ein Minimum. Wenn du kein Online-Business über diese Apps betreibst oder wenn du es nicht anderweitig für die Arbeit benötigst, bleiben diese Apps für die nächsten Tage aus. Es ist schlichtweg nicht lebensnotwendig, zu jeder Zeit erreichbar zu sein und auf jede eingehende Nachricht wie ein konditionieter Affe zu reagieren.

Du wirst sehr viel mehr spüren, dass die Abkopplung von der Außenwelt ein äußerst befreiendes Gefühl sein kann. Du wirst feststellen, wie viel mehr Zeit dir plötzlich zur Verfügung steht um dein Leben zu leben. Du wirst dich mehr und mehr im Hier und Jetzt befinden und nicht irgendwo im Nirgendwo in den Weiten deines Smartphones. Anfangs wird das Ganze zwar, wie bei jeder neuen Gewohnheit, ein Gefühl des Unbehagens in dir hervorrufen, doch wie du bereits im Kapitel über die Komfortzone gelernt hast, ist dieses Gefühl völlig normal, wenn du neue Wege einschlägst. Es ist vollkommen normal, sich unwohl zu fühlen, wenn man seinem nach Information und Unterhaltung lechzenden Verstand einer Auszeit aussetzt. Denn auch der Konsum von Medien und Informationen ist eine Gewohnheit und diese möchten wir im Folgenden auf ein Minimum reduzieren.

Reduziere deine Social Media Apps auf ein Minimum!

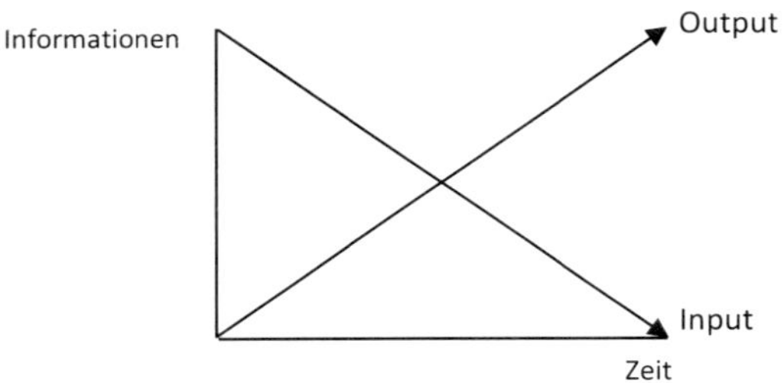

Dieses unbehagliche Gefühl wird dich für eine Weile begleiten, verschwindet aber mit jedem Tag immer mehr. Du wirst sehr bald feststellen, dass du, sobald du den medialen Input reduzierst, sehr viel mehr inspirierende und kreative Gedanken produzierst.

Der Zustand der Inspiration

In uns allen existiert ein mentaler Zustand, den wir erreichen können. Ich nenne diesen Zustand „state of inspiration" oder zu deutsch: Den Zustand der Inspiration. Dieses Befinden ist vergleichbar mit dem sogenannten „flow" von dem man immer wieder hört. Also ein inneres Gefühl, das durch Fokus, Produktivität und Kreativität geprägt ist und in irgendeiner Tätigkeit zum Ausdruck gebracht wird. Hierbei fühlen wir uns wie in einem Tunnel und wie wenn die Zeit mit Lichtgeschwindigkeit an uns vorbeirast, während dich ein Strom inspirierender Gedanken und Ideen durchfließt.

In dieses mentale Befinden tauchen wir immer dann ein, wenn wir von unserer Außenwelt abgekoppelt und unser Bewusstsein auf eine zu erledigende Sache gerichtet haben, die uns Freude bereitet. Das ist oft der Fall, wenn wir bspw. einem geliebten Hobby nachgehen. Wenn wir uns mit jemandem in ein sinniges Gespräch vertiefen. Wenn wir auf der Arbeit konzentriert unserer Lieblingsaufgabe nachgehen.

In diesem mentalen Zustand produziert unser Geist schöpferische Gedanken und bringt diese fließend zum Ausdruck. Um diesen mentalen Ort zu erreichen, ist es jedoch notwendig, den eingehenden Input gezielt nach unten zu schrauben.

Wenn dein Verstand nicht mehr mit der Verarbeitung der von außen eindringenden Informationen beschäftigt wird, hat er endlich genügend Reserven zur Verfügung, um selbst aktiv zu werden und dem nachzukommen, wofür er da ist. Kreativität. Diese Kreativität befindet sich in jedem von uns.

Diese Zeilen sind nichts anderes, als kreative Impulse, die durch mich hindurchströmen und in diesem Buch zum Ausdruck kommen. Werde dir also darüber klar, dass auch du genügend kreatives Potenzial besitzt, um Dinge in die Umsetzung zu bringen, die der Welt dienlich sind. Der erste Schritt, um diese Kreativität freizusetzen: Reduziere deinen INPUT!

> Entfalte dein kreatives Potenzial!

Was rein kommt, kommt raus!

Das, was wir durch äußere Einflüsse in unser Bewusstsein hereinlassen, kommt durch unsere Gedanken, Gefühle und Taten in unserer Realität wieder zum Vorschein. Es scheint uns nur leider oft nicht bewusst zu sein, welche Konsequenzen das für uns hat.

Wir lassen Dinge zu, die unserem Geist und unserem Bewusstsein langfristigen Schaden zufügen. Wir greifen am frühen Morgen nach dem Aufstehen zur Tageszeitung unseres Vertrauens. Wir hören bereits auf dem Weg zur Arbeit im Radio die aktuellen Nachrichten und schauen uns jeden Abend aufs Neue dieselben Nachrichten im Fernsehen an. Wir lassen unseren Geist durch negativen Klatsch und Tratsch beschmutzen.

Wir sehen uns abends grausame oder brutale Filme vor dem Schlafen an. Wir tun so viele Dinge unbewusst. Wären wir bei Bewusstsein, wäre es klar, dass das, was wir hier tun, nicht das ist, was uns als Kollektiv voranbringt und was die Erde zu einem besseren Ort werden lässt. Es ist Zeit aufzuwachen und die Zügel endlich in die Hand zu nehmen. Werde dir über die Kraft deines Geistes und deines Unterbewusstseins klar und erkenne welche Macht in dir liegt.

Black Out?

Denjenigen, die sich schon länger überlegen, ob der Fernseher in ihrem Wohnzimmer überhaupt noch Sinn macht (vermutlich sind das die Wenigsten), kann ich empfehlen: Verbannt ihn! Jetzt werdet ihr sagen: „Aber ein Wohnzimmer ohne Fernseher ist doch kein Wohnzimmer.“, „Was soll ich denn dann noch am Abend nach der Arbeit machen?“, „Ich muss doch wissen was in der Welt so los ist.“ usw. usf. Dir werden jede Menge Ausreden (man redet sich ins Aus) einfallen, wieso, weshalb und warum du nie im Leben auf deinen Fernseher verzichten könntest. Ja ich weiß. Diese und ähnliche Gedanken hatten meine Freundin Anna und ich auch. Bis unsere Katze Kalila uns die Entscheidung abgenommen hat und unseren Fernseher vom TV Board geschubst hat. Ich danke unserer Katze bis heute, dass sie uns bei der Entscheidung tatkräftig unterstützt hat. Ob sie es uns zuliebe getan hat oder aus egoistischen Gründen, um mehr Aufmerksamkeit zu bekommen, wissen wir nicht. Wir tendieren eher zu Grund Nummer zwei.

Anfangs war es natürlich wie erwartet, ein etwas komisches Gefühl, sich abends nicht auf die Couch zu setzen, seiner gewohnten Routine nachzugehen und sich von Netflix und Co. berieseln zu lassen. Doch dieses ungewohnte Gefühl verging sehr bald und wurde mit etwas sehr viel Wertvollerem ersetzt. Nämlich der Tatsache, viel mehr Zeit füreinander zu haben, sich gegenseitig Aufmerksamkeit zu schenken, herrlich inspirierende Gespräche sowie der Drang nach einer sinnvollen Beschäftigung, wie Lesen, Meditation oder einfach eher schlafen zu gehen. Sobald du dich dazu entschlossen hast, dieses zeitfressende Monster aus deinem Leben zu streichen, wirst du erkennen, wie viel mehr Zeit dir plötzlich für wirklich sinnvolle Dinge zur Verfügung steht.

Mache dir an dieser Stelle bitte noch einmal folgendes bewusst. Du hast nur dieses eine Leben auf dieser Erde geschenkt bekommen. Wie möchtest du mit diesem Geschenk umgehen? Jede Sekunde und jede Minute, die wir auf dieser Erde und in diesem Leben verbringen, ist von allergrößtem Wert. Ich wiederhole diesen Satz noch mal, da er so enorm wichtig ist. *Jede Sekunde und jede Minute, die wir auf dieser Erde und in diesem Leben verbringen, ist von allergrößtem Wert!* Hol dir diese Tatsache bitte jedes Mal, sobald du den Drang danach hast, den Fernseher anzuschalten oder gewohnheitsbedingt sinnlos durch Instagram zu scrollen, in dein Bewusstsein zurück. Frage dich, weshalb du hier bist. Frage dich, weshalb du dein Leben damit verschwenden solltest, dich vom Fernseher programmieren zu lassen – während du stattdessen dafür sorgen könntest, dein Leben zu einem Meistwerk werden zu lassen.

> Jede Sekunde ist von allergrößtem Wert!

Ein wunderbares Gespräch

Ich habe im Laufe der letzten Jahre immer wieder festgestellt, dass es nichts gibt, das mehr inspiriert, motiviert und mein Bewusstsein erweitert, als ein mit Sinn gefülltes Gespräch zu führen. Das Leben ist so facettenreich. Es gibt so viele wundervolle Themen, über die man sich mit einem anderen Menschen unterhalten kann. Mit jedem neuen Impuls, der getauscht wird, erweiterst du deinen eigenen Horizont oder den deines Gegenübers. Doch wenn du mit deinem Partner lediglich vor dem Fernseher sitzt und wie hypnotisiert in den toten, schwarzen Kasten starrst, werden deine Gedanken und Worte überwiegend um die Dinge kreisen, die dir von deinem Fernseher in dein Gehirn übertragen werden.

Es heißt nicht umsonst Programm

Wenn du auf das Fernsehen schon nicht verzichten möchtest, dann sieh dir zumindest inspirierende, informative und schöne Sendungen an. Denke immer daran. Das Fernsehprogramm heißt nicht umsonst Fernseh“programm“. Es ist dazu da, um dich, deine Gedanken und Gefühle zu programmieren. Du gibst die Inhalte der Eindrücke wider, die du dir jeden Tag ansiehst. Ist dir bewusst, welche Macht dieser schwarze Kasten in deinem Wohnzimmer hat? Er steht in (fast) jeder Wohnung und jedem Haus. Manche besitzen sogar einen Fernseher in ihrem Schlafzimmer und lassen sich fatalerweise von ihm in den Schlaf wiegen. Wenn du beim Thema Programmierung des Unterbewusstseins aufmerksam warst, wirst du hier erkennen, was das für fatale Auswirkungen haben kann.

Falls du dich aber gerade nicht daran erinnerst, möchte ich es noch einmal kurz für dich wiederholen: Kurz vor dem Schlafengehen und kurz nach dem Aufwachen ist unser Unterbewusstsein am empfänglichsten für Informationen. Das bedeutet nichts anderes als dass du eine art Superprogrammierung deines Unterbewusstseins durchläufst, solltest du in diesen Zeiten den Fernseher laufen haben.

> Ist dir bewusst welche Macht der schwarze Kasten in deinem Wohnzimmer hat?

Vermutlich ist oder war dein Fernseher ein fester Bestandteil deines täglichen Lebens. Möglicherweise hast du einen festen Bezug zu ihm aufgebaut, auch wenn er an sich etwas rein Materielles darstellt. Es ist ein elektronischer Kasten, der in der Lage ist, durch Bild und Ton bestimmte Gedanken und Emotionen in dir zu erzeugen. Hast du dich schon einmal gefragt, weshalb beispielsweise am Ende der „normalen" Nachrichten immer die Sportnachrichten kommen? Weil die meisten Menschen mit Sportsendungen freudvolle Gefühle verknüpfen. Wir freuen uns über die Ergebnisse der Bundesliga. Wir freuen uns, wenn unser Lieblingsteam gegen einen Rivalen gewonnen hat. Und selbst wenn sie verloren haben, gestalten die Fernsehmacher die Informationen am Ende immer so, dass wir die Nachrichten mit einem positiven Gefühl beenden.

Das regt uns am nächsten Tag dazu an, egal wie beängstigend und beunruhigend die anfänglichen Nachrichten auch sind, dass wir wieder wie gewohnt zur gleichen Uhrzeit einschalten.

Ich wiederhole mich an dieser Stelle gerne noch einmal: *Jede Sekunde und jede Minute, die wir auf dieser Erde und in diesem Leben verbringen, ist von allergrößtem Wert!* Wie wichtig ist es jetzt noch, dieses gedankensteuernde Instrument einzuschalten? Sei an dieser Stelle bitte ehrlich zu dir und verabschiede dich von deinem eckigen Freund. Probier es einfach einige Tage lang aus und du stellst sicher bald fest, wie viel besser es dir damit geht.

Ein Paradigmenwechsel

Von Kindesbeinen an wird unser Verstand durch äußere Einflüsse geprägt. Wie die Weisheit des Wortes bereits ausdrückt, bedeutet das Wort „Verstand", wie du „etwas verstanden hast."

Das bedeutet, dass die Informationen, die man in seiner Kindheit gehört, gesehen oder erlebt hat, ebenso von dem Gehirn eines Kindes interpretiert wurde. Kein Wunder also, dass die meisten Menschen sich auch im Erwachsenenalter aufgrund ihrer Programmierungen noch wie Kinder verhalten. Sie sind geprägt von Ängsten und Unsicherheiten. Und genau von diesen Ängsten, lassen sie sich lenken. Aus Angst vor Krankheit, gehen sie zum Arzt. Aus Angst vor Einsamkeit verharren sie in negativen Beziehungen. Aus Angst vor dem Versagen unterlassen sie Dinge, die sie voranbringen würden.

Erst wenn der Mensch erkennt, dass es keinen Grund dafür gibt, Ängste zu entwickeln und vor allem, wenn er sich darüber bewusst wird, dass die Angst nur eine Illusion seines eigenen Verstandes ist, kann er freie und förderliche Entscheidungen treffen.

Solange das nicht geschieht, bleibt er ein Spielball äußerer Kräfte. Er weht umher wie ein Blatt im Wind, das nicht weiß, wohin es fliegt. Das Bewusstsein ist hierbei der Schlüssel, der die Tür in eine neue Welt öffnet.

Leider ist die Menschheit von diesem Punkt, solange sie ihren Fokus fast ausschließlich auf das Äußere richtet, noch weit entfernt. Unser menschlicher Organismus und vor allem unser Gehirn ist zwar ein lebendiges Wunderwerk Gottes, doch was die Aufnahme von Informationen angeht, ist es vor allem in der frühen Phase unseres Lebens nicht in der Lage zu erkennen, was Wahrheit ist und was Fiktion. Erst im Laufe unseres Lebens, wenn wir uns unserer Gedanken immer bewusst werden und eigene Glaubenssätze erkennen und hinterfragen, werden wir fähig, jene Informationen in richtig oder falsch zu kategorisieren. Doch dies geschieht auch nur dann, wenn du fähig und mutig bist, dich deines kritischen Denkens zu bedienen.

Stelle dir das Ganze am besten folgendermaßen vor: Angenommen du füllst ein Glas voll mit klarem, sauberem Wasser. Dieses Wasser entspricht deinem Verstand, als du geboren wurdest. Rein und klar. Nichts hat dich bisher beeinflusst. Du bist rein von aller Negativität und Manipulation. Nun gibst du von Mal zu Mal immer mehr Dreck, Staub und Sand hinzu. Diese spiegeln externe Beeinflussung wie negative Kritik, Beschimpfungen, Tratsch usw.

wider. Das einst so klare Wasser wird immer dunkler und immer schleimiger. Genau das Gleiche passiert mit deinem Verstand und allmählich wirst du selbst zu dem, was dich beeinflusst. Deine Gedanken entsprechen dem Input, der dir in frühen Jahren zugeführt wurde und mit dem du dich noch heute täglich beeinflussen lässt. Dein Denken und dein Verhalten spiegeln immer mehr das wider, was du selbst glaubst und von dem du überzeugt bist.

Nebenbei erwähnt: Stelle dir nur mal die unglaubliche Macht derjenigen vor, die im Besitz der großen Medienanstalten sind. Diese haben die Macht, das Denken und das Verhalten durch die gezielte Ausgabe von Informationen von hunderten von Millionen Menschen weltweit zu beeinflussen. Stelle dir nur mal das Ausmaß an Manipulation vor, das vonstattenginge, sollten diese Medien in den Händen der falschen Menschen liegen. Sie hätten die Macht, das Bewusstsein der Massen zu steuern. Sie würden vorgeben, was richtig ist und was falsch. Der Großteil der Menschheit würde dabei nicht einmal merken, dass sie von außen gelenkt werden, denn das was ihnen präsentiert würde, wäre die einzig „richtige“ Wahrheit. Also was denkst du, werden wir manipuliert? Auf welcher Grundlage beruht deine Meinung? Woher beziehst du deine Informationen und wie

Welche Informationen bilden deine Meinung?

erkennst du, ob das, was man dir als Wahrheit verkauft, auch wirklich die Wahrheit ist?

Ich denke, du begreifst nun die Wichtigkeit der Selbstprogrammierung. Wenn du für dich die volle Verantwortung übernimmst, welche Informationen du in deinen Geist lässt, übernimmst du letzten Endes auch die volle Verantwortung über dein Leben. Du befreist dich von den Ketten der äußeren Programmierung und reinigst deinen Geist von all den Viren, die man dir in dein Gehirn gepflanzt hat. Mache dir bewusst, dein Verstand ist auch im Alter eines Erwachsenen noch immer programmierbar. Manche Dinge sind aufgrund der bisherigen Konditionierung zwar schwer zu glauben, doch aufgrund der Tatsache, dass du nun weißt, wie manipulierbar wir Menschen sind, wird es für dich immer einfacher, deiner Intuition zu folgen und du erkennst, für welche Informationsquellen du dich entscheiden solltest und für welche nicht.

2. Führe ein Erfolgsjournal

Wie du bereits gelernt hast, hat jeder von uns ein bestimmtes Selbstbild von sich und seinem Leben. Dieses Selbstbild ist ausschlaggebend dafür, wie viel man sich im Leben zutraut und was man glaubt im Stande ist zu leisten. Dieses Selbstbild steht auch im direkten Zusammenhang mit dem Selbstbewusstsein. Das bedeutet, je selbstbewusster du bist, desto ausgeprägter ist das Bild von dir selbst. Es ist dafür verantwortlich, welche Dinge wir unternehmen und welche wir unterlassen. Logischerweise tun wir immer nur die Dinge, die wir uns selbst auch zutrauen. Das heißt, wir tun die Dinge, von denen wir glauben, dass unser eigenes Selbst im Stande ist, sie zu meistern. Wenn wir beispielsweise mit einer negativen Einstellung von uns selbst an eine gewisse Sache herantreten, entscheiden wir uns entweder dafür, die Sache gar nicht erst in Angriff zu nehmen, oder sie geht entsprechend negativ aus. Diese negative Erfahrung bestätigt daraufhin wiederum das negative Bild von uns selbst. „Ich wusste doch, dass ich das nicht kann." Ein Teufelskreis!

Möchten wir also in Zukunft Handlungen unternehmen, die positive Auswirkungen auf uns und unsere Umwelt haben, müssen wir dafür sorgen, dass wir uns als den Menschen sehen, der in der Lage ist, die entsprechenden Handlungen zu vollziehen und diese zu einem positiven Ende bringt. Wir arbeiten hier also direkt am Ursprung aller Entscheidungen und Handlungen, die wir praktizieren oder bleiben lassen.

Wenn wir erkennen, dass unser Selbstbild von Glaubenssätzen durchdrungen ist, die uns in bestimmten Bereichen unseres Lebens nicht die Ergebnisse bringen, die wir uns eigentlich gerne wünschen, ist es an der Zeit, das Bild von uns selbst zu verbessern. Dies gelingt uns, indem wir damit beginnen, konsequent an unserem Selbstbewusstsein zu arbeiten. Wir müssen an dieser Stelle erkennen, dass wir großen Einfluss darauf nehmen können, wie selbstbewusst wir durch unser Leben schreiten. Je größer unser Selbstvertrauen und je größer wir uns selbst sehen, desto größer sind die Herausforderungen, denen wir uns stellen. Und je größer die Herausforderungen sind, die wir in Angriff nehmen, desto größer sind die Belohnungen, die wir am Ende erhalten. Denke hierüber bitte kurz nach:

Mit einem Erfolgsjournal baust du dich selbst auf!

Gedanke → Emotion → Handlung → Ergebnis → Erfahrung → Emotion → Gedanke → Selbstbild

Zuerst entsteht in uns ein Gedanke. Das heißt, wir haben eine Idee über etwas oder denken darüber nach, eine bestimmte Sache in Angriff zu nehmen. Je nachdem wie, bewusst wir uns über unsere Gedanken sind, rufen diese in uns negative oder positive Emotionen hervor. Haben wir die Kontrolle über unser Denken, können wir damit entsprechend auch unsere Emotionen kontrolliert beeinflussen. Wenn wir mit positiven Gedanken positive Emotionen in uns wecken, werden wir aktiv und unternehmen mit einer optimistischen Herangehensweise eine entsprechende Handlung. Diese Aktion setzt einen Prozess in Gang, der am Ende zu einer Reaktion oder einem gewissen Ergebnis führt. Je nachdem, wie dieses Ergebnis ausfällt und welche Glaubenssätze wir in uns tragen, bewerten wir dieses Resultat dann als positiv oder negativ. Diese Bewertung entspricht am Ende der gemachten Erfahrung.

Eine Erfahrung nimmt wiederum Einfluss auf unser Befinden. Je nachdem, wie wir diese Erfahrung bewertet haben, ruft sie in uns auch die entsprechende Emotion hervor. Freuen wir uns über die gemachte Erfahrung, weil wir sie als positiv bewertet haben, hegen wir in Zukunft darüber auch positive Gedanken. Wenn wir uns an dieser Stelle darüber bewusst werden, dass wir das Ganze gut gemacht haben oder wenn uns jemand für die erbrachte Leistung lobt, dann bauen wir uns dadurch ein positives Selbstbild auf. Wir zeichnen also ein Bild von uns, dass durch die gemachte Erfahrung in der Lage ist, die Herausforderung auch in künftigen Situationen zu einem positiven Ergebnis zu führen. Das bedeutet, dass, wenn wir in Zukunft dieselbe oder eine ähnliche Sache erneut in Angriff nehmen, mit einer positiven Grundeinstellung bzw. einem positiven Glaubenssatz an das Ganze herantreten und wieder den entsprechenden Prozess aktivieren und mit hoher Wahrscheinlichkeit erfolgreich beenden.

Eigenlob stinkt? NEIN!

Da wir die meiste Zeit des Alltags durch unser Unterbewusstsein gesteuert werden, fällt uns häufig gar nicht auf, wie viele Dinge wir am Tag gut und erfolgreich meistern. Wir nehmen viele Erfahrungen, die wir den Tag hindurch erleben, als etwas Selbstverständliches wahr. Erfahrungen, auf die wir eigentlich stolz sein könnten, honorieren wir häufig leider zu wenig oder gar nicht. Dadurch bleibt natürlich auch unser Selbstbild auf der immer gleichen Stufe und entwickelt sich kaum weiter. Wenn wir uns nicht bewusstmachen, dass wir eine Sache gut gemacht haben, haben wir auch keine Möglichkeit, unser Vertrauen in uns Selbst aufzubauen oder zu verbessern. Nur wenn wir uns darüber klar werden, wie viele Dinge wir bereits in unserem Leben gut und erfolgreich gemeistert haben, können wir auch unser Selbstbild entsprechend optimieren.

> Was hast du heute gut gemacht?

Ein großes Hilfsmittel, um das eigene Selbstbild und das Selbstvertrauen zu steigern, ist, seinen Fokus auf die Taten und Erfahrungen zu richten, die man im Laufe des Tages gut gemacht hat. Indem man am Ende eines jeden Tages 3-5 Dinge schriftlich in einem Journal festhält, von denen man glaubt, dass man sie gut gemacht hat, holt man sich jene Erfahrungen erneut aktiv ins Bewusstsein. Man klopft sich dadurch innerlich auf die Schulter und bestätigt sein positives Selbstbild. Wenn wir das jeden Tag immer und immer wieder machen, bestätigen wir uns jeden Tag selbst. Wir bauen uns dadurch praktisch selbst auf. Im Laufe der Zeit sehen wir uns dann selbst als einen Menschen, der Dinge gut macht und trauen uns selbst immer mehr zu. Das bedeutet, dass, egal was wir in Angriff nehmen, mit einer optimistischen Grundeinstellung an die Herausforderung herantreten. Denn wir wissen, wir sind „groß genug", um diese Dinge zu einem guten Ende zu bringen.

Frage dich am besten jetzt gleich einmal, was du gestern oder heute gut gemacht hast und notier dir diese Dinge auf einem Blatt Papier. Anfangs wird dir das Ganze vermutlich etwas schwerfallen. Dir werden nicht so viele Punkte einfallen. Das ist ganz normal. Bleib einfach dran und notiere dir auch die kleinen Dinge. Und wenn du nur 10 Minuten eher aufgestanden bist als sonst. Erfolg! Denk dran, die kleinen Dinge im Leben, regelmäßig umgesetzt, sind diejenigen, die am Ende die größten Auswirkungen auf uns haben.

An dieser Stelle möchte ich dir auch sehr das eigens dafür entwickelte *Minzed Journal* ans Herz legen. Dieses Journal wurde speziell dazu konzipiert, dein Selbstbild zu stärken und dein Selbstbewusstsein weiter auszubauen. Mit dem *Mindzed Journal* hast du die Möglichkeit über einen Zeitraum von 90 Tagen deine Fortschritte und Erfahrungen in deiner persönlichen Weiterentwicklung festzuhalten, zu analysieren und gegebenenfalls anzupassen. Es ist die perfekte Ergänzung zu deinem Vorhaben, das

Hol dir das Mindzed Journal!

Mindzed Potenzial in die Tat umzusetzen und hilft dir dabei noch schneller zu der Persönlichkeit heranzureifen, die in der Lage sein wird, große Herausforderungen in Angriff zu nehmen und erfolgreich zum Abschluss zu bringen.

Das Mindzed Journal wird dich bei deiner Selbstreflexion unterstützen und bringt dich zudem auf inspirierende Gedanken. Wenn dir das Mindzed Potenzial in manchen Bereichen weiterhelfen konnte, dann schau doch gerne mal auf **www.mindzed.de** vorbei. Hier findest du neben dem Buch und dem Erfolgsjournal auch eine kostenlose PDF Datei, die dich bei der Umsetzung deiner Gewohnheiten unterstützt.

3. Gesundheit

Wenn wir über die Themen Erfolg, Willenskraft und Disziplin reden, kommen wir natürlich nicht daran vorbei auch über das Thema Gesundheit zu sprechen. Aus meiner Sicht ist es nicht möglich, ein hundert Prozent glückliches und erfolgreiches Leben zu führen, wenn man diesen Aspekt des Lebens ignoriert oder vernachlässigt.

Du kannst erfolgreich in deinem Beruf oder deiner Karriere sein. Du kannst die Liebe deines Lebens an deiner Seite haben. Du hast vielleicht auch eine tolle Familie und Freunde, auf die du dich verlassen kannst Doch all diese Dinge wirst du nie voll auskosten können oder schlimmer noch, sie sind sogar gefährdet, wenn du kein gesundes und energetisches Leben lebst.

Was heißt es eigentlich gesund zu sein?

Viele Menschen denken, wenn sie gerade nicht krank sind, dann wären sie gesund. Sie definieren „Gesundheit“ mit der „Abwesenheit von Krankheit“. Doch mal ehrlich. Selbst wenn du aktuell keinerlei Krankheitssymptome hast. Fühlst du dich dann 100 Prozent gesund? Also ist dein Akku jeden Tag vollgeladen? Könntest du jeden Tag Bäume ausreißen? Bist du mental, emotional und physisch täglich voll auf der Höhe?

Glaub mir – die meisten von uns sind nicht gesund. Die meisten Menschen haben nur keine schwerwiegende Krankheit oder irgendwelche Symptome, die sich durch Schnupfen, Kopfweh, Husten oder Schlimmeres äußern. Wirklich gesund zu sein, bedeutet, jeden Tag aus dem Vollen schöpfen zu können. Energetisch, glücklich und kraftvoll zu sein. Selbstbewusst und mit einer hohen Schwingung den Tag zu bestreiten. Klar, fokussiert und emotional ausgeglichen zu sein.

> Gesund zu sein bedeutet jeden Tag aus dem Vollen schöpfen zu können.

Kannst du von dir behaupten, dass du deine Tage zuletzt so erlebt hast? Wenn ja! Herzlichen Glückwunsch! Wenn nein? Woran denkst du könnte das liegen? Was könntest du besser machen, um dich so zu fühlen, wie oben beschrieben? Denke daran, du bist nicht einfach nur so, wie du bist. Du kannst dich, dein Fühlen, dein Handeln und dadurch dein gesamtes Leben mit nur wenigen Anpassungen verändern und verbessern! Aus meiner Sicht lässt sich dieses Thema in drei Hauptbereiche aufgliedern, die in direktem Zusammenhang zueinanderstehen.

1. Emotionale Gesundheit.
2. Mentale Gesundheit.
3. Physische Gesundheit.

Diese drei Aspekte bilden die drei Grundpfeiler deiner Gesundheit. Du kannst dir das wie einen dreibeinigen Hocker vorstellen. Bricht eines der Beine weg, fällt der Hocker um. Das bedeutet: Sind wir mental nicht gesund, hat das Auswirkungen auf unsere Emotionen, die sich wiederum körperlich auswirken. Gleichzeitig können wir auch niemals nur mental gesund sein, während wir körperlich und emotional krank sind.

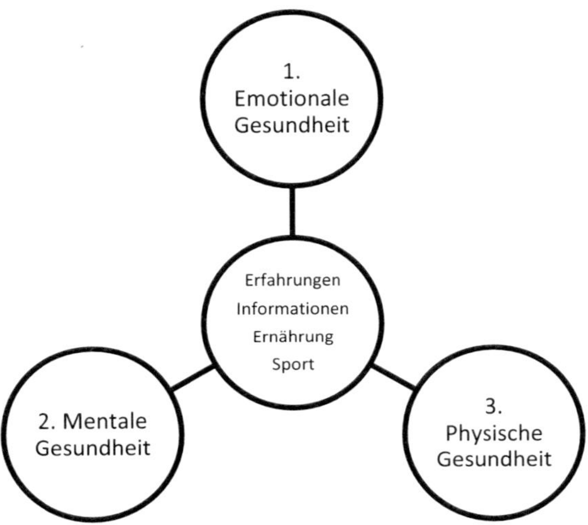

Hast du jemals einen physisch kranken Menschen gesehen, der gleichzeitig mental topfit und emotional komplett ausgeglichen war? Ich nicht. Gleichzeitig habe ich auch noch nie einen Menschen gesehen, der mentale Probleme hatte und emotional völlig im Reinen war. Ich denke, du verstehst worauf ich bei dieser Thematik hinaus möchte.

Wenn wir ein vollkommen gesundes Leben führen möchten, müssen wir alle drei Aspekte unserer Gesundheit beachten und pflegen. Was können wir also tun und was sollte uns demnach bewusstwerden, um in diesen drei Bereichen gesund zu sein, gesund zu werden und gesund zu bleiben?

1. Emotionale Gesundheit

Über das Thema der Emotionen haben wir in diesem Buch bereits sehr ausführlich gesprochen. Beinahe unser komplettes Leben basiert auf unseren Emotionen, welche wiederum direkt mit unseren Gedanken zusammenhängen. Sind wir nicht in der Lage, unsere Emotionen im Zaum zu halten und auf sie Einfluss zu nehmen, werden wir zu deren Spielball. Wir handeln dann exakt unserer emotionalen Lage entsprechend.

Einfaches Beispiel: Du hast in der Arbeit jede Menge zu tun und kommst „gestresst" nach Hause. Am Abend würde eigentlich dein wöchentlicher Sportkurs oder das Fitnessstudio auf dem Programm stehen. Da du dich aber zu „gestresst fühlst" fühlst du dich heute nicht dazu in der Lage Sport zu machen. Schließlich musst du dich ja von der Arbeit erholen. An dieser Stelle lässt du dich also von deinen Emotionen lenken. Anstatt bewusst darauf zu reagieren und zu sagen: „Der Tag war zwar stressig, aber ich weiß, dass mir die sportliche Anstrengung körperlich gut tut und mir des Weiteren dabei hilft, emotional und mental in Balance zu kommen."

Die meisten Menschen leben beinahe ihr komplettes Leben in der Annahme sie hätten das Ruder fest im Griff. In Wirklichkeit lassen sie sich aber wie ein Blatt im Wind von ihren Emotionen umherwehen ohne zu wissen, dass sie es sind, die diese Emotionen in sich kreieren und zulassen.

Befinden wir uns also emotional in Disbalance, sei es durch äußere Einflüsse oder durch innere Gedankengänge, geraten im selben Maße die beiden anderen Pfeiler aus dem Gleichgewicht. In Bezug auf das oben genannte Beispiel vernachlässigen wir im selben Moment unsere körperliche Fitness und entscheiden uns stattdessen zum Faulenzen, was sich wiederum ebenso mental auswirkt. Gesunde Emotionen führen schließlich zu einem gesunden Lebensstil, der widerum geprägt ist von physischer und auch mentaler Gesundheit.

Du bist verantwortlich für das was du in deinem Leben erfährst.

Von Innen nach Außen

Findest du dich häufig in einer emotionalen Situation wieder, die dir Sorgen bereitet, ist es sinnvoll, das zu erkennen und dieses Befinden so schnell es geht zu verlassen. Im Kapitel der Visualisierung und Affirmationen haben wir bereits folgendes gelernt:

Du kreierst mit deinen Gedanken und Emotionen deine Zukunft. Ist deine aktuelle Gegenwart also oft mit „negativen“ Erlebnissen „befüllt“ bedeutet dies nichts anderes, als dass du diese Gegenwart durch deine emotionalen Erfahrungen der Vergangenheit geschaffen hast und gleichzeitig für die Zukunft neu kreierst. Wenn man sich über diese grundlegenden, universellen Prinzipien nicht im Klaren ist, neigen die meisten Menschen dazu, sich in eine Opferrolle zu versetzen und dem momentan erlebten Schmerz noch mehr Energie zu geben. Das wiederum erschafft in Zukunft nur mehr von dem, was man gerade erlebt. Erkenne also in jenem Moment deine Emotion und mache dir bewusst, dass du selbst verantwortlich bist, für das, was du in deinem Leben erfährst und aber auch für das, was du nicht erfährst.

Um aus dieser negativen Spirale auszubrechen ist es notwendig, dass man sich seiner Gedanken und Emotionen, wie oben bereits ausführlich erklärt, bewusst wird und diesen dann entschlossen entgegenwirkt. Fühlst du dich aufgrund einer erlebten Erfahrung in deinem Leben schlecht und niedergeschlagen, denk daran – du bist derjenige, der durch die Reaktion auf dieses Erlebnis die entsprechenden Gedanken und Gefühle entstehen lässt. Wenn du dich über etwas aufregst, regst DU dich über dieses Etwas auf und nicht umgekehrt. Die erfahrenen Emotionen dringen nicht von außen in dich hinein, sondern du lässt sie unbewusst aus deinem Inneren heraus entstehen.

2. Mentale Gesundheit

Vorweg möchte ich an dieser Stelle darauf hinweisen, dass es bei diesem Punkt nicht um die Gesundung psychischer Erkrankungen, wie Depressionen,

Schizophrenie oder anderer Krankheiten geht. Solltest du an eine dieser Krankheiten leiden ist es ratsam medizinische Hilfe in Anspruch zu nehmen.

Viel mehr geht es in diesem Abschnitt darum, zu verstehen, dass unsere mentale Gesundheit auch sehr stark davon abhängig ist, welche Glaubenssätze wir aufgrund unserer Erfahrungen in uns tragen. Haben wir überwiegend positive Glaubenssätze, führt dies wiederum zu positiven Gedanken und entsprechend positiven Emotionen. Genauso sieht es jedoch im umgekehrten Fall aus. Beruhen unsere inneren Einstellungen überwiegend auf negativen und ungesunden Glaubenssätzen, führt dies entsprechend zu negativen und ungesunden Emotionen und Handlungen.

Um auf unsere mentale Gesundheit Einfluss zu nehmen, müssen wir also zunächst herausfinden, welche inneren Glaubensmuster wir als Wahrheit empfinden. Beinahe unser gesamtes Weltbild basiert auf diesen in uns wohnenden Anschauungen. Um jene ungesunden Weltanschauungen herauszufinden, solltest du 100 Prozent ehrlich mit dir selbst sein. Es kann hilfreich sein, wenn du dir Fragen zu bestimmten Lebensbereichen stellst und dir diese Antworten schriftlich notierst. Schreibe alles auf, was dir zu diesen Themen einfällt und an was du glaubst. Mache dir aber stets bewusst, dass es sich hierbei um deine eigene Wahrnehmung handelt. Diese Sicht ist immer subjektiv und wird nie die absolute Wahrheit darstellen. Nimm dich selbst also nicht zu ernst und lass von dem Glauben los, die Wahrheit mit dem Löffel gefressen zu haben.

Bei der Übung, die du auf der nächsten Seite findest, geht es darum, deine Glaubenssätze herauszufinden. Nur wenn wir es schaffen, auf jene Verankerungen tief innerhalb unseres Unterbewusstseins zuzugreifen, können wir auch entsprechende Änderungen herbeiführen. Für einen Veränderungsprozess innerhalb unseres Denkens müssen wir zunächst einmal herausfinden, auf welcher Grundlage wir unsere Entscheidungen treffen und durch welche Muster unsere Gedanken und Emotionen entstehen.

> Ein Glaubenssatz ist ein Satz an den du glaubst, unabhängig davon ob er wahr ist oder nicht.

Damit du dich dabei nicht selbst manipulierst, indem du lediglich die Antworten aufschreibst, die du jetzt gerade von dir selbst hören möchtest, solltest du dir für die Beantwortung der Fragen ein zeitliches Limit setzen. Stelle dir deshalb bitte einen Timer auf zwei Minuten und ergänze die nachfolgenden Sätze so schnell wie möglich. Indem du dir eine zeitliche Begrenzung setzt, hast du nicht so viel Zeit, um dir eine „angemessene" Antwort einfallen zu lassen, sondern du wirst das aufschreiben, was dir als Erstes in den Sinn kommt.

Die Antwort, die dir als Erstes einfällt, stammt dann mit hoher Wahrscheinlichkeit aus den Tiefen deines Unterbewusstseins und genau diese wollen wir analysieren, um danach festzustellen, ob dieser Glaubenssatz positiven oder negativen Einfluss auf dein Denken und dein Handeln hat.

Bitte ergänze nun die folgenden Sätze:

Glück hat ______________________________

Erfolg hat ______________________________

Gesundheit heißt ______________________________

Familie ist ______________________________

Sport ist ______________________________

Geld ist ______________________________

Ernährung soll ______________________________

Das Leben ist ______________________________

Freunde sind ______________________________

Liebe ist ______________________________

Sieh dir nun deine Antworten noch mal genau an. Was steht dort? Das, was du soeben notiert hast, ist ausschlaggebend für deine Gedanken und Emotionen, die du in diesen Bereichen entwickelst. Hast du z. B. die Einstellung, dass Sport nichts für dich ist, wirst du dich womöglich sehr schwer tun, dich sportlich zu betätigen bzw. dauerhaft am Ball zu bleiben. Das Leben ist „ungerecht"? Wenn du diese Meinung vom Leben hast, wird dir das Leben genau diese Ungerechtigkeit zeigen und erfahren lassen. Geld ist „die Wurzel allen Übels"? Einer der fatalsten Glaubenssätze, die es gibt. Nicht Geld ist die Wurzel allen Übels. Es ist der Mensch, der das Geld dazu missbraucht. Doch dieser Glaubenssatz lässt dich vermutlich niemals „zu viel" Geld ins Leben ziehen. Du wirst dich regelmäßig selbst in deinen Handlungen boykottieren um auch bloß nie zu viel „von der Wurzel allen Übels" zu erhalten.

Erkennst du das Dilemma, in dem sich die meisten von uns wiederfinden? Wir sind geprägt von unseren Glaubensmustern. Wir denken, fühlen, reden und handeln nach diesen, ob sie wahr sind, oder ob sie auswendig gelernter Unfug sind, spielt hierbei keine Rolle. Ob sie unserer mentalen Gesundheit dienlich sind oder nicht, fragen wir uns ebenso wenig.

Hier aber müssen wir anfangen. Wir müssen beginnen, uns selbst zu hinterfragen. Wir müssen unser zu groß gewordenes Ego ablegen und wirklich ehrlich mit uns sein. Analysiere deine soeben aufgeschriebenen Glaubenssätze nun noch einmal und frag dich, ob jene dir und deinen Lebenszielen dienlich sind, oder ob sich dir der eine oder andere Satz für dein Vorankommen in den Weg stellt.

Sobald du deine negativen Glaubenssätze herausgefiltert hast, formulierst du diese nun so um, dass sie dir dabei helfen deine Lebensziele zu erreichen und zur besten Version zu werden, die du sein kannst.

Notiere dir nun deine neuen förderlichen Glaubenssätze und lass diese langfristig zu deiner mentalen Einstellung werden. Hier kannst du auch das Prinzip der Affirmationen verwenden, auf das wir bereits im 10. Kapitel bei der 7. Erfolgsgewohnheit näher eingegangen sind.

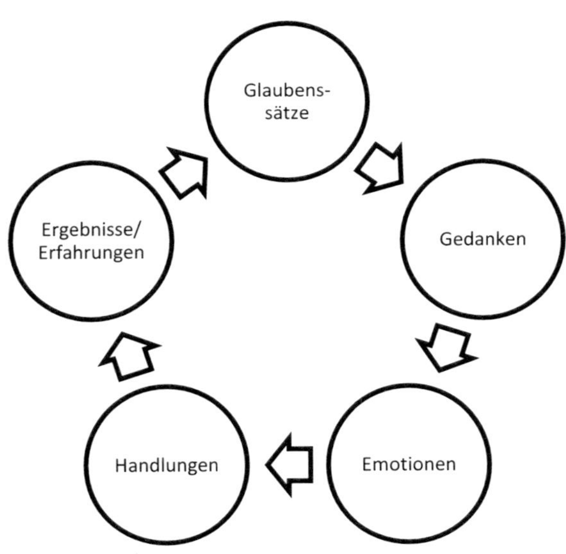

Bitte ergänze nun deine neuen Glaubenssätze:

Glück hat ______________________________

Erfolg hat ______________________________

Gesundheit heißt ______________________________

Familie ist ______________________________

Sport ist ______________________________

Geld ist ______________________________

Ernährung soll ______________________________

Das Leben ist ______________________________

Freunde sind ______________________________

Liebe ist ______________________________

Um nun diese neuen Glaubenssätze Teil deines Mindsets werden zu lassen, solltest du sie dir immer und immer wieder laut vorlesen und verinnelichen. Nur durch die stetige Wiederholung werden diese Sätze bald ein Teil deines neuen Glaubens. Auch wenn du anfangs noch nicht davon überzeugt bist, dass das, was du da vorliest deiner „Wahrheit" entspricht, werden diese Sätze unabhängig davon sehr bald deine „Wahrheit" bilden. Mit der kontinuierlichen Selbstprogrammierung kannst du schließlich in großem Maße Einfluss auf deine mentale Gesundheit nehmen und allem was damit verbunden ist.

3. Körperliche Gesundheit

Bei der physischen Gesundheit handelt es sich um ein Zusammenspiel aus Sport, gesunder Nahrung und positiven Emotionen. Also kurzum: einem gesunden Lebensstil. Sind wir körperlich fit, hat dies Auswirkung auf unsere Stimmung. Sind wir gut drauf, hegen wir gute Gedanken. Haben wir gute Gedanken, haben wir ein gesundes Mindset. All das greift ineinander wie ein „Schweizer Uhrwerk".

A. Sport

Um hier gleich mal eines vorwegzunehmen: Sportlich zu sein, ist keine Eigenschaft, die man entweder hat oder nicht hat. Du kannst dir also deinen Glaubenssatz „Ich bin so unsportlich" gleich mal aus deinem Glaubensrepertoire streichen.

Grundsätzlich kommen wir alle mit ähnlichen physischen Voraussetzungen auf diese Erde. Mit diesen Voraussetzungen liegt es aber an uns, was wir damit anstellen. Wie immer haben wir die Freiheit, selbst zu wählen, welche Entscheidungen wir treffen. Wir können uns für gesunde Nahrungsmittel und ausreichend körperliche Ertüchtigung entscheiden. Wir können uns aber auch dazu entscheiden, den ganzen Tag faul auf der Couch zu sitzen und ungesunde Snacks zu essen. Du hast die Wahl.

Wie bei allem, wenn es um das Thema Selbstverantwortung geht, solltest du dir aber bewusst darüber sein, dass jede Entscheidung zu einem bestimmten Ergebnis führt. Wenn du also irgendwann in den Spiegel blickst und mit dem, was du da siehst, nicht zufrieden bist, körperlich und geistig schwach bist, häufig ausgelaugt und energielos bist, dann liegt es vielleicht daran, dass du in der Vergangenheit eher zu den Chips, als zum Apfel gegriffen hast und dir das Sofa sympathischer war als das Fitnessstudio.

Was aber in der Vergangenheit war, interessiert uns nur noch insofern, dass wir aus ihr lernen können. Wir richten deshalb unseren Fokus von nun an auf das Hier und Jetzt. Was können wir also ab heute unternehmen, um uns vor allem körperlich zu dem Menschen zu entwickeln, der in der Lage ist, seine gesteckten Ziele mit Mut, Energie und Optimismus zu erreichen? Vielleicht kennst du ja den Spruch: „In einem gesunden Körper wohnt ein gesunder Geist."

Kann es also sein, dass hier eine direkte Verbindung zwischen unserer mentalen Fitness und unserer körperlichen Fitness besteht?

Es beginnt mal wieder im Kopf

Ja, beim *Mindzed Potenzial* beginnt alles im Kopf. Auch der Sport. Um diesen als einen festen Grundpfeiler in deinem Leben zu etablieren, reicht es nicht aus zu sagen: „Ich geh heute mal zum Sport." Lass nicht deine Emotionen darüber entscheiden, ob du heute Sport treibst oder nicht. Wir haben gelernt: DU hast die Oberhand über deine kommenden Entscheidungen in deinem neuen Leben und nicht deine Emotionen. Denn diese basieren auf deinen bisherigen Gedanken und Glaubenssätzen und die haben dich dahin gebracht, wo du heute stehst. Wenn du bisher wenig bis gar keinen Sport getrieben hast, lag das an DIR und DEINER bisherigen Einstellung zum Thema.

Du musst also als allererstes wieder mal damit beginnen, eine Scheidung zu vollziehen. Scheide dich von deiner unsportlichen Version und beschließe von nun an ein „sportlicher Mensch" zu sein. Dazu benötigst du in deinen Denkprozessen zuerst einmal den Glaubenssatz: „Ich bin sportlich!" Diesen gilt es zu verankern, während du damit beginnst, erste sportliche Einheiten

> Dein Körper wurde geschaffen, um ihn zu bewegen!

zu absolvieren und damit dein neues Selbstbild bestätigst. Du musst dich zuerst selbst, von innen heraus, als einen sportlichen und gesunden Menschen sehen, der in der Lage ist seine körperlichen Ziele zu erreichen!

Als Nächstes solltest du dir entsprechende Ziele stecken! Nimm dir beispielsweise vor, mindestens 3x pro Woche aktiv Sport zu treiben.

Das kann z. B. eine Laufeinheit sein. Das kann ein Besuch im Fitnessstudio sein. Das kann eine Squash-Einheit mit einem guten Freund sein. Was auch immer du tust, sieh zu, dass du deinen Körper dazu nutzt, wozu er geschaffen wurde. Sich zu bewegen!

Zwinge dich aus deiner Komfortzone

Ja, gerade an kalten, nassen, tristen und/oder regnerischen Tagen, bleibt man natürlich am liebsten im warmen Wohnzimmer auf der Couch und schaut bei gedämmten Licht eine Runde Netflix.

Falsch! Erinnerst du dich noch an dein *Mindzed Potenzial*, das du entfachen möchtest? Deinem *Mindzed Potenzial* ist es egal, welches Wetter draußen vorherrscht. Mit deinem freigelegten *Mindzed Potenzial* trainierst du auch unter miesen Bedingungen. So schlägst du außerdem gleich zwei Fliegen mit einer Klappe. Zum einen machst du Sport und bringst deinen BEWEGUNGSapparat in Schwung und zum anderen stärkst du deine Willenskraft und Disziplin. Suche also keine Ausreden und halt dir immer vor

Augen: Mit deinen Ausreden redest du dich ins Aus. Glaub mir, egal wie eklig, nass, kalt und matschig es draußen auch ist – das Gefühl, sich bewegt zu haben, ist es wert!

Die größte mentale und körperliche Herausforderung, die ich persönlich bisher gemeistert habe, war die Teilnahme an einem 60 Kilometer langem Nachtmarsch, bei dem ich mit zwei meiner besten Freunde in 15 Stunden knapp 2.000 Höhenmeter überwunden habe. Und das im Februar bei eisigen Minustemperaturen. Hat es weh getan? Ja! War es angenehm? Nein! Würden wir es wieder tun? Auf alle Fälle! Warum? Weil wir Menschen dazu bestimmt sind, unseren Körper zu bewegen und über unsere Grenzen hinauszugehen! An Erfahrungen wie diesen merkt man erst wirklich, was es bedeutet, lebendig zu sein!

Wichtig!

Treibe keinen Sport nur um lediglich „abzunehmen". Lass ihn zu einer lebenslangen Gewohnheit werden und dein körperliches Wunschgewicht und Wohlbefinden stellt sich in Verbindung mit einer gesunden und ausgewogenen Ernährung von ganz alleine ein. Mit regelmäßigen Sporteinheiten sorgst du nicht nur dafür, dass du besser aussiehst und dich besser fühlst, du tust zugleich etwas Gutes für deine Gesundheit und förderst deine persönliche Weiterentwicklung! Es gibt also absolut keinen Grund, keinen Sport zu treiben! Es beginnt und endet in deinem Kopf!

B. Ernährung

Du bist, was du isst. In diesem Spruch steckt viel mehr Wahrheit, als dir vielleicht bewusst ist. Alles, was wir uns durch unsere Ernährung zuführen, wird ein Teil unseres Systems. Es wird ein physischer, aber auch ein mentaler und emotionaler Teil von uns. Das Essen und die Getränke, die wir täglich aufnehmen, sollten nicht dazu dienen, um uns lediglich satt zu machen. Vielmehr sollte es der Treibstoff sein, der uns die nötige Energie liefert, um unseren Alltag beschwingt und positiv zu durchleben.

Das Thema der gesunden Ernährung ist so umfangreich, dass man darüber ein ganz eigenes Buch schreiben könnte. Deshalb möchte ich an dieser Stelle nur auf die wichtigsten Punkte eingehen, die dir in dieser Hinsicht den größten Mehrwert liefern sollen. Lies dir zu diesem Themengebiet am besten fachspezifische Literatur durch oder sieh dir dazu im Internet Dokumentationen und informative Videos an und lerne, wie du deine Ernährung so optimieren kannst, dass sie gesund ist, dir nachhaltig Freude bereitet und zugleich die meiste Energie liefert.

Alles, was wir uns durch unsere Ernährung zuführen, wird ein Teil unseres Systems.

Wasser – Das Elixier des Lebens

Wie viel trinkst du pro Tag? Die meisten von uns essen zu viel und trinken zu wenig. Um unseren Organismus gründlich durchzuspülen und einen gesunden Stoffwechsel zu garantieren, ist es wichtig, zwischen zwei und drei Liter Flüssigkeit pro Tag zu sich zu nehmen. Frauen mindestens zwei Liter und Männer mindestens 2,5 Liter. Je nach Alter, Körpergröße, körperlicher Anstrengung und Wetterlage.

Wenn wir an dieser Stelle von Flüssigkeiten sprechen, meine ich: Wasser. Es ist eines der vier Elemente und wir selbst bestehen zu circa 70 Prozent daraus. Kleinkinder sogar bis zu 75 Prozent. Betrachten wir also eine Frau mit 60 Kilogramm Körpergewicht, besteht ihr Körper aus ca. 40 Liter Wasser!

Es ist also ein elementarer Bestandteil unseres Lebens und unseres Körpers. Je mehr wir darauf achten, genügend Wasser zu trinken, desto besser sind wir mit diesem lebenswichtigen Element versorgt. Dadurch werden wichtige Stoffwechselprozesse unterstützt, die wiederum dazu beitragen, mit wie viel Energie wir den Tag bestreiten. Hierbei löst es wichtige Mineralstoffe aus unserer aufgenommenen Nahrung und transportiert diese in unsere Zellen.

Da Wasser geschmacksneutral ist und im Gegensatz zu zuckerhaltigen Säften oder Softdrinks kein sofortiges Gefühl der Freude erzeugt, wird die Wichtigkeit von reinem Wasser häufig vernachlässigt! Halte dir aber immer folgendes vor Augen: Ohne Nahrung kannst du wochenlang überleben. Ohne Wasser nur wenige Tage! Mache es dir deshalb zur Gewohnheit, regelmäßig ausreichend Wasser zu trinken, unabhängig davon ob du gerade durst hast oder nicht. Durst zu haben ist lediglich ein Signal unseres Körpers, dass er in einen leichten Mangel gerät. Dieser Mangel kann sich bereits nach wenigen Stunden in Form von Kopfschmerzen, Müdigkeit, Schlappheit oder Konzentrationsstörungen äußern.

Führe am Besten eine Checkliste wie viele Gläser du am Tag trinken musst um auf die zwei bis drei Liter zu kommen. So hast du zum einen deinen Wasserkonsum im Blick und zum anderen arbeitest du auf ein Tagesziel hin. Das wiederum ist ein Signal an dein Unterbewusstsein, das dich dann immer wieder daran denken lässt, genügend Wasser zu trinken.

An dieser Stelle empfehle ich dir, eine geeignete App auf dein Smartphone herunterzuladen, wie zum Beispiel den „Drink Water Reminder". Hier hast du die Möglichkeit, unter Eingabe unterschiedlicher Faktoren, deinen persönlichen Wasserbedarf zu ermitteln und deinen Wasserkonsum zu protokollieren. Bei meinem Körpergewicht von ca. 80 Kilo benötige ich in etwa 2,5 Liter Wasser täglich. Die App weist mich nach Eingabe der benötigten Daten dann im regelmäßigen Rhythmus darauf hin, wann es wieder an der Zeit ist, etwas zu trinken.

Verzichte im Optimalfall komplett auf zuckerhaltige Softdrinks und stelle deine Trinkgewohnheiten auf pures Wasser oder auf ungesüßte Tees um. Wasser mit einem Schuss Zitronensaft ist ebenfalls gesund und macht munter!

Vollkorn

Wusstest du, dass unsere Nahrung überwiegend tote Nahrung ist und dass man heutzutage kaum noch von „*Lebens*"mitteln sprechen kann?

Weiße Weizenprodukte, wie sie in Nudeln, Semmeln, Brote, Gebäck oder Kuchen enthalten sind, sind im grundegenommen nichts anderes als Füllstoffe. Sie enthalten kaum Nährstoffe und noch weniger Vitamine. Das Einzige, wozu diese Produkte in der Lage sind, ist, dass sie häufig sehr gut schmecken und satt machen. Vom gesundheitlichen Aspekt her widersprechen sie aber allem, was wichtig wäre. Sie liefern durch die Umwandlung der kurzkettigen Kohlenhydrate schnelle Energie. Dadurch steigt unser Blutzuckerspiegel rapide an, fällt genauso schnell wieder herunter und im Anschluss fühlen wir uns träge und schlapp. Nur kurze Zeit darauf verspüren wir erneut Heißhunger und stillen diesen dann wiederum mit entsprechend ungesunden Produkten, die oftmals viel zu viel Kalorien besitzen und im selben Moment viel zu wenig langfristige Energie liefern. Ein Teufelskreis, mit fatalen Folgen für unsere Gesundheit und unser Befinden.

Ganz anders verhält es sich bei den langkettigen Kohlenhydraten, die wir vermehrt aus Vollkornprodukten beziehen. Diese liefern uns bei einem moderaten Anstieg des Blutzuckerspiegels langfristige Energie, führen kaum bzw. weniger zu Heißhungerattacken und unser Körper ist sehr viel besser in der Lage, diese zu verwerten.

Entscheide dich deshalb bei deinem Lebensmitteleinkauf so häufig wie möglich für Vollkornprodukte. Achte hierbei auf die Zutatenliste des jeweiligen Produkts. Oftmals werden lediglich bräunende Farbstoffe eingesetzt, um dem Kunden zu suggerieren, er würde ein gesundes Vollkornprodukt in der Hand halten. Tatsächlich besteht das vollkornähnliche Produkt dann aber häufig aus dem bereits oben angesprochenen Weißmehl.

Obst / Gemüse

Grundsätzlich ist es wichtig, sich so gesund und ausgewogen zu ernähren, wie du nur kannst. An dieser Stelle würde ich dir deshalb gerne Nahe legen, so viel Obst und Gemüse zu dir zu nehmen, wie es nur geht. Das ist auf alle Fälle gesund und empfehlenswert. Solltest du jedoch keinen eigenen Anbau im Garten haben, wird es für dich sehr schwer, die nötige Menge an Obst und Gemüse zu verzehren, die für eine optimale Gesundheit erforderlich wäre.

Unsere Nahrung hat aufgrund der immer exzessiver werdenden Industrialisierung und aufgrund des vermehrten Einsatzes chemischer Substanzen in der Landwirtschaft einen immer niedriger werdenden Nährstoffgehalt. Das führt dazu, dass zum Beispiel ein Apfel aus dem Supermarkt zwar wie ein Apfel aussieht, doch leider weder geschmacklich noch von seinen Nährstoffen an einen Apfel von vor 50 Jahren herankommt.

Da unsere Gesundheit jedoch in großem Maße auch davon abhängt, wie sehr unser Vitaminhaushalt abgedeckt ist, wäre eine ordentliche Zufuhr jener Vitamine von großer Wichtigkeit. Um hier auf eine ausreichende Menge an Vitaminen und Spurenelementen zu kommen, müsstest du heute täglich das Vielfache an Obst zu dir nehmen als noch vor 50 Jahren.

Um diese Lücke zu schließen, greife ich persönlich auf ein Nährstoffkonzentrat namens Lavita zurück. Lavita ist ein Mikronährstoffkonzentrat, das über 70 natürliche Zutaten und alle wichtigen Mikronährstoffe in einem Produkt vereint. So decke ich meinen täglichen Vitaminbedarf ab, ohne Unmengen Obst aufschneiden zu müssen. Schau hierzu gerne mal auf deren Internetseite vorbei: **www.lavita.de**

Verzichte auf Alkohol

Verzichte auf Alkohol, so gut du nur kannst. Ich kann und möchte es dir zwar an dieser Stelle nicht verbieten, denn immerhin ist Alkohol in unserer Gesellschaft ein fester Bestandteil von Feierlichkeiten und geselligen Zusammenkünften jedweder Art. Wisse aber, wo deine Grenzen liegen und versuche den Konsum so gering wie nur möglich zu halten. Im Optimalfall bei Null.

An dieser Stelle bitte ich dich, dass du dich selbstverantwortlich darüber informierst, welche gesundheitlichen Schäden und Konsequenzen der regelmäßige Verzehr von Alkohol mit sich bringen kann.

Werde Aktiv!

Ich möchte, dass du so viel Nutzen aus diesem Buch ziehst, wie es nur geht. Gleichzeitig möchte ich dich aber auch nicht mit Informationen überlasten. Wenn du ein körperlich gesundes Leben führen möchtest, solltest du die oben genannten Vorschläge auf alle Fälle in die Umsetzung bringen. Des Weiteren liste ich dir im Folgenden noch weitere Punkte auf, die maßgeblichen Einfluss auf dein körperliches Wohlbefinden und deine langfristige Gesundheit haben. Hierbei gehe ich jedoch nicht ins Detail. Möchtest du einen tieferen Einblick in diese Thematik erhalten, empfehle ich dir, dass du an dieser Stelle einmal mehr Selbstverantwortung übernimmst und dich eigenständig darüber informierst.

Verzichte des Weiteren so gut es geht auf:

Fertiggerichte	→	*Lerne frisch zu kochen*
Zu viel Fleisch	→	*probiers mal vegetarisch/ vegan!*
Zu viel Zucker	→	*Suche nach Alternativen: z.B. Stevia*
Zu viel Salz	→	*Probiere alternative Gewürzarten*
Ungesunde Fette	→	*Gesunde Fette (Olivenöl, Leinöl, etc.)*

Eine gesunde Lebensweise

Eigne dir eine gesunde und positive Lebensweise an. Versuch zum Beispiel mal für 30 Tage kein Fleisch zu essen. Auch wenn du an dieser Stelle meinst, das kannst du nicht. Glaub mir – du kannst. Ich war bis zu meinem 23. Lebensjahr leidenschaftlicher Fleischesser. Ich habe die ungarischen Gerichte von meinem Papa, die meist sehr fleischlastig waren, geliebt. Das Schnitzel von meiner Mama war immer ein Traum und das ist es heute noch. Doch irgendwann habe ich beschlossen, dass für meine Gaumenfreuden kein Lebewesen mehr sterben oder gequält werden soll. Natürlich fiel mir diese Entscheidung am Anfang alles andere als leicht. Doch mit jedem Tag, den ich länger darauf verzichtet habe, wurde es einfacher und einfacher.

Eine vegetarische oder vegane Lebensweise ist nicht nur aus ethischer Sicht empfehlenswert, sie hat zudem auch enorme gesundheitliche Vorteile. Hierzu empfehle ich dir die weitbekannte und sehr erfolgreiche Dokumentation „The Game Changers“. Glaub mir, dieser Film wird dir auf positive Weise die Augen öffnen. Versuche einfach so gut es dir möglich ist, auf alles, was ungesund ist zu verzichten und mehr und mehr gesunde Nahrungsmittel in dein Leben zu etablieren. Informiere dich selbständig darüber, was gesund ist und was nicht und übernimm die Verantwortung für dich und deine Gesundheit! Dein „Zukunfts-Ich“ wird es dir danken!

Mindzed Tipp #13

Gesund zu sein bedeutet gesunde Routinen zu pflegen. Rufe dir immer wieder ins Bewusstsein, dass du nur diesen einen Körper für dein Leben zur Verfügung hast. Er unterstützt dich in jeder Sekunde und mit jedem Atemzug und sorgt dafür, dass es dir gut geht. Mache dir auch bewusst, dass du nicht dein Körper bist. Du bist Bewusstsein in einem Körper. Dieser Körper ist das Wertvollste in deinem Leben. Gehe also vorsichtig und behutsam mit ihm um. Pflege ihn. Gib ihm gutes Essen. Gib ihm ausreichend Wasser. Gib ihm gute Emotionen. Im Gegenzug schenkt er dir ein glückliches und gesundes Leben.

WELCHE GESUNDE ROUTINE WIRST DU AB HEUTE FÜR DIE NÄCHSTEN 30 TAGE IN DIE TAT UMSETZEN?

NOTIZEN

Kapitel 14

Wie geht es jetzt weiter?

Wir sind verantwortlich für das, was wir tun, aber auch für das, was wir nicht tun.“

Voltaire

Jeder Anfang hat ein Ende

Alles was einen Anfang hat, hat auch ein Ende. Genau wie das Leben für jeden von uns irgendwann seinen Anfang genommen hat, wird es für jeden von uns auch irgendwann ein Ende finden. Die Frage, die sich hier stellt, ist nicht, was nach dem Leben passieren wird. Die viel wichtigere Frage, die sich jeder von uns stellen sollte, ist: Was habe ich zwischen dem Anfang und dem Ende gemacht und was werde ich der Welt und meinen Nachkommen hinterlassen? Wie werden mich meine Familie, Freunde und Bekannte in Erinnerung behalten? Nach welchen Prinzipien

Was habe ich zwischen dem Anfang und dem Ende gemacht?

habe ich mein Leben gelebt? Was habe ich meinen Mitmenschen weitergegeben? Welche Dinge konnten meine Kinder von mir lernen?

Ich möchte, dass du dir jetzt, zum Ende dieses Buches, noch einmal darüber Gedanken machst, wie du dein Leben lebst. Hier spielt es keine Rolle, wie alt du bist. Dein Alter ist nur eine Zahl, mit der wir uns leider allzu oft identifizieren und der wir dann die Verantwortung dafür geben, was wir (noch) in der Lage sind zu leisten oder nicht.

Wie soll es also jetzt weitergehen, nachdem du dieses Buch gelesen hast?

Nun, das Wichtigste, wie du dir vorstellen kannst, ist, in Aktion zu treten. Ohne aktiv in die Umsetzung zu kommen, bringt dir das beste Buch der Welt mit den detailreichsten Inhalten und den ausführlichsten Informationen rein gar nichts. Solltest du also Interesse an den vorangegangenen Ideen finden, rate ich dir, sie für eine ganze Weile umzusetzen und dann darauf zu achten, was passiert. Du wirst vermutlich feststellen, dass Dinge, von denen du zuvor dachtest, dass du nicht in der Lage wärst, sie umzusetzen, plötzlich gar nicht mehr so schwierig sind. Du wirst merken, dass in dir weit mehr steckt, als du zuvor angenommen hattest. Arbeite einfach kontinuierlich an dir und an deinem Vorankommen und du wirst erkennen, wie sich in deinem Leben plötzlich Türen öffnen, von denen du bis dato dachtest, dass es sie gar nicht gäbe. Du wirst diese neuen Türen nicht nur entdecken, du wirst aufgrund deiner gesteigerten Willenskraft und deines mentalen Fortschritts auch den Mut aufbringen, durch diese Tür hindurchzutreten. Du wirst mit vollem Bewusstsein in der Lage sein, Chancen und Möglichkeiten wahrzu-nehmen und für dich zu nutzen. Du wirst glücklicher, zufriedener und mit einer größeren inneren Ruhe deinen Alltag bestreiten. Situationen, die dich früher noch aus der Bahn geworfen hätten, begegnest du von nun an mit größerer Souveränität und Gelassenheit.

Tue immer wieder Dinge, die dich wachsen lassen. Lass die stetige und kontinuierliche Arbeit an dir selbst zu einem festen Bestandteil deines Lebens werden. Es gibt ein sehr gutes Buch von dem Erfolgscoach Bodo Schäfer: „Die Gesetze der Gewinner". In diesem führt er 30 Gesetzmäßigkeiten auf, die einen Gewinner ausmachen. Eines jener Gesetze lautet: KLUW – „Konstant lernen und wachsen." Wenn du dieses Gesetz Teil deines Lebens werden lässt, wirst du an dem gewünschten Erfolg in deinem Leben nicht umherkommen. Das Universum wird dich früher oder später für die Dinge, die du im Leben säst belohnen. Diese Belohnung erhoffe ich mir für dich von Herzen.

Zum Abschluss wünsche ich dir nun für deinen weiteren Weg, dass du wahrlich erkennst, dass eine bessere Welt für uns alle nur in uns selbst liegt. Nur wenn wir uns selbst bewusst, jeden Tag erneut dazu entscheiden, zu einem besseren Menschen zu werden, können wir die Welt zu einem besseren Ort machen. Eine Welt, in der jeder Mensch auf seine Art glücklich, zufrieden und erfolgreich ist. Eine Welt, in der die Menschen vor Herausforderungen nicht zurückschrecken, sondern jene an der Wurzel packen und dann beginnen mit Willenskraft, Mut und Entschlossenheit diese zu meistern.

SEI – die beste Version,
die du sein kannst und entfache nun dein
MINDZED POTENZIAL

Danksagung

An dieser Stelle möchte ich mich nochmals sehr herzlich bedanken. Als Erstes bei dir, lieber Leser. Ich danke dir dafür, dass du deine Zeit diesem Buch gewidmet hast und ich hoffe sehr, dass ich dir damit in einigen Bereichen deines Lebens weiterhelfen konnte.

Des Weiteren möchte ich mich bedanken bei:

Mama, nach allem was du in den vergangenen Jahren erlebt hast, bist du in meinen Augen die stärkste Frau der Welt. Egal in welcher Misere ich in meinem Leben auch gesteckt habe, du bist immer hinter mir gestanden und hast mich dazu ermutigt, an mich zu glauben. Du hast ein riesengroßes Herz und bist eine wundervolle Seele. Ich danke dir, dass ich dein Sohn sein darf.

Papa, auch wenn du bereits vorausgegangen bist, weiß ich, dass du diese Zeilen liest. Ich danke dir, dass du mir immer geholfen hast, wenn ich deine Unterstützung benötigt habe. Du warst der Ruhepol in unserer Familie und du hast mir gezeigt, dass man auch mit wenigen Worten viel bewegen kann. Da, wo du jetzt bist, bin ich überzeugt, geht es dir sehr gut und ich freue mich, wenn wir uns dort eines Tages wiedersehen.

Anna, du warst der Rettungsanker in meinem Leben und du zeigst mir jeden Tag, was es bedeutet positiv und ein guter Mensch zu sein. Danke, dass du an meiner Seite bist und diesen Weg mit mir gemeinsam gehst. Danke, dass ich an deiner Seite so sein kann, wie ich bin. Und Danke, dass du so bist wie du bist. Ich liebe dich.

Stillstand

- Erhöhter Medienkonsum
- Zu viel Zeit in Sozialen Medien
- Ungesunde Ernährung
- Negative Menschen in deinem Umfeld
- Faulheit, Trägheit
- Egoismus
- Spätes Bettgehen
- Spätes Aufstehen
- Dinge als selbstverständlich ansehen
- Disziplinlosigkeit
- Tratsch und Lästerei
- Alkohol und Drogen

Wachstum

- Früh schlafen
- Dankbarkeitsgebet
- Früh aufstehen
- Lesen wertvoller Bücher
- Meditation
- Affirmation
- Kalt duschen
- Visualisierung deiner Zukunft
- Seminare besuchen
- Achtsamkeit praktizieren
- Verlassen der Komfortzone
- Erfolgsjournal führen
- Zeit in der Natur verbringen
- Sport treiben
- Inspirierende Unterhaltungen

Meine TOP 5 Buchempfehlungen

1. Das Gewinnerprinzip
von Brian Tracy

2. Der Mönch der seinen Ferrari verkaufte
Von Robin Sharma

3. The Miracle Morning
Von Hal Elrod

4. Die Gesetze der Gewinner
von Bodo Schäfer

5. Die Macht Ihres Unterbewusstseins
von Joseph Murphy

Mein Geschenk für dich

Schau gerne mal auf **www.mindzed.de** vorbei und lade dir den kostenfreien „Mindzed Potenzial 110 Tage Gewohnheits Tracker“ als PDF herunter. Druck ihn dir am besten aus und häng ihn dir an die Wand. Dadurch hast du die Möglichkeit deine täglich umgesetzten Gewohnheiten abzuhaken und im Überblick zu behalten.

Durch das regelmäßige Abhaken deiner Gewohnheiten bildest du mit der Zeit eine sogenannte „habit chain“, oder auch, Gewohnheitskette. Je länger du diese „habit chain“ werden lässt, desto mehr achtest du darauf, diese nicht zu unterbrechen.

Dies ist ein hilfreiches Tool beim Aufbau langfristiger Gewohnheiten!

Viel Spaß damit!

Über den Autor

Zsolt Kucska wurde als Jüngstes von drei Geschwistern am 1. August 1989 in der Lutherstadt Wittenberg geboren und wuchs in einer Kleinstadt in der Nähe von München auf. Im Alter von 24 Jahren erkannte er nach einigen Tiefschlägen in seinem Leben, wie wichtig die Arbeit am eigenen Mindset ist und beschäftigte sich seither intensiv mit Themen der Bewusstseins- und Persönlichkeitsentwicklung.

Ihm ist es heute ein großes Anliegen, jenes Wissen in die Welt zu tragen, um vor allem der jüngeren Generation die Wichtigkeit mentaler Selbstoptimierung zu vermitteln.

Zudem möchte er Menschen dazu inspirieren, mehr aus sich und ihrem Leben zu machen, da er der Meinung ist, dass sich die Welt nur dann verbessern kann, wenn sich jeder selbst zur besten Version entwickelt, die er sein kann.

Mehr Informationen über den Autor findest du auf www.mindzed.de und seiner Instagramseite @mindzed.official.

Dir hat das Buch gefallen?

Vielen Dank, dass du mein Buch gelesen hast. Ich hoffe sehr, dass ich dir etwas mitgeben und dich unterstützen konnte. Wenn es dir gefallen hat, würde ich mich sehr freuen, wenn du ihm bei dem Online-Shop eine Bewertung gibst, bei dem du es bestellt hast. Oder du schreibst bei einem deiner Lieblings-Buchportale eine Rezension.

Deine Meinung zu meinem Buch ist mir sehr wichtig und eine kleine Anerkennung für meine Arbeit. Außerdem hilft es mir, neue Leser für meine Bücher zu finden.

Vielen Dank für deine Unterstützung!

WELTENGEHER
Unsere Reise durch das Leben
Wie wir
Urwissen der Menschheit
für unsere Zukunft nutzen
DAVID CANDEAGO
KAWA